Albrecht Kirchhoff

Die Entwickelung des Buchhandels in Leipzig

bis in das zweite Jahrzehnt nach einführung der Reformation

Albrecht Kirchhoff

Die Entwickelung des Buchhandels in Leipzig
bis in das zweite Jahrzehnt nach einführung der Reformation

ISBN/EAN: 9783744621205

Hergestellt in Europa, USA, Kanada, Australien, Japan

Cover: Foto ©ninafisch / pixelio.de

Weitere Bücher finden Sie auf **www.hansebooks.com**

Die Entwickelung

des

Buchhandels in Leipzig

bis in das

zweite Jahrzehnt nach Einführung der Reformation.

Eine geschichtliche Skizze

von

Albrecht Kirchhoff.

Leipzig,
im December 1885.

Die nachstehende Skizze war ursprünglich zum Behuf dreier Vorträge im Verein für die Geschichte Leipzigs niedergeschrieben worden und dazu bestimmt, in einer neu zu begründenden Zeitschrift desselben veröffentlicht zu werden. Es ist ihr aber das gleiche Schicksal beschieden worden, wie vor neun Jahren meiner kleinen Arbeit über Johann Herrgott, welche ebenfalls von vornherein eine ähnliche Bestimmung hatte; auch diesmal scheint die gedachte Zeitschrift nicht das Licht der Welt erblicken zu sollen. Verschiedene Gründe machen es aber für mich wünschenswerth, diese Skizze jetzt selbstständig hinauszusenden, namentlich, da ich von ihrer Veröffentlichung im Archiv für die Geschichte des Deutschen Buchhandels um deswillen abstehen muß, weil ich in diesem die für die Entwickelung der Geschäftsgebräuche interessanten Theile, besonders die geschäftlichen Verträge, in strengerer und eingehenderer Weise behandeln möchte, als in einem Vortrag angängig war.

Die kleine Arbeit — abgesehen von wenigen Daten ausschließlich aus archivalischem Material aufgebaut — wurde in den ersten Monaten dieses Jahres niedergeschrieben Die Zwischenzeit hat mir bei meinen fortgesetzten Studien im städtischen Archiv, Studien, die meine freien Stunden noch auf Jahre hinaus in Anspruch nehmen können, noch manche kleine Ergänzungen an die Hand gegeben, die ich um so mehr Veranlassung nehmen durfte, nachträglich einzufügen, als ja das selbstständige Erscheinen an sich nicht nur ein Verschmelzen der Uebergänge der in längeren Zwischenräumen gehaltenen Vorträge in einander, sondern auch ein Ausscheiden alles dessen verlangte, was nur Bezug auf die besonderen Verhältnisse hatte, unter denen sie gehalten wurden.

Die Einleitung hatte eigentlich nur den Zweck, meine Zuhörer — doch überwiegend Nicht-Buchhändler — zunächst im Allgemeinen zu orientiren. Ich habe sie hier beibehalten, um nicht den ganzen Aufbau der Skizze umgestalten zu müssen, obschon einzelnes daraus durch die inzwischen erfolgte Veröffentlichung der zweiten Auflage von Freund Hase's Kobergern überholt, bez. weiter ausgeführt ist. Wenn einige Ausführungen darin hier und da Anstoß erregen sollten, so wolle man nicht außer Acht lassen, daß es ein Beitrag zur Geschichte des Buchhandels ist, was ich zu geben bezwecke.

In meiner Abhandlung über das tragische Geschick des Buchführers Johann Herrgott von Nürnberg hatte ich die Gelegenheit wahrgenommen — als Hintergrund seines geschäftlichen Treibens — die Verhältnisse des literarischen Kleinverkehrs jener Zeit kurz zu skizziren; der bald erscheinende erste Band von Fr. Kapp's Geschichte des Deutschen Buchhandels wird dies in weit eingehenderer Weise thun. Ich hatte dabei betont, daß der literarische Verkehr schon frühzeitig ein weit entwickelterer, die literarischen Bedürfnisse — selbst der niederen Volkskreise — viel bedeutendere gewesen seien, als man sich gemeiniglich träumen lasse, daß der Buchhandel keineswegs erst ein Folgeproduct der Erfindung der Buchdruckerkunst gewesen sei, vielmehr zunächst nur mit verhundert- und vertausendfachter Wirkensfähigkeit einfach in den Geleisen weitergewandelt sei, welche der Handel mit Handschriften und mit handschriftlicher Klein-Literatur bereits längst vorgezeichnet hatte. Welche Stärkung die ersten Producte des Holztafeldrucks, die Betriebsamkeit der Briefmaler, der Kartenmacher und Briefdrucker diesem Verkehr zugeführt haben mögen, — das können wir nur vermuthen, nur ahnen. Denn naturgemäß haben sich nur kümmerliche Reste dieser populären Producte erhalten; noch kärglicher sind die Nachrichten, welche uns über den geschäftlichen Verkehr mit denselben berichten. Die Existenz einer solchen Production an sich war aber doch schon bedingt durch die Möglichkeit eines weiterausgreifenden Vertriebes; die Productionsstätten allein — selbst reiche Städte, wie Nürnberg und Augsburg es waren — hätten nimmermehr ein genügendes Absatzfeld für dieselbe geboten. Allerdings muß es dahin gestellt bleiben, ob der Handel mit diesen literarischen und künstlerischen Erzeugnissen der Feder und des Holztafeldrucks von vornherein ein selbständiger Handelszweig war, nicht eben ein Annex des Waarenhandels im Allgemeinen; Kaufleute werden ja einfach auch die Händler genannt, welche zur Zeit des Baseler Concils „litterae" (Briefe, d. i. kleine Flugschriften) als Handelswaare (sub specie mercatus) in das ferne Siebenbürgen trugen. Aber Rückschlüsse aus analogen Erscheinungen der früheren Zeit des Handels mit gedruckten Büchern — ich habe noch darauf zurückzukommen — sind sicherlich statthaft.

Diese meine Annahme, sowie die weitere oft von mir betonte: daß die Betheiligung der Buchführer an der Verlagsthätigkeit gegenüber der der anscheinend fast allein verlegenden Buchdrucker des ersten Jahrhunderts nach Erfindung der Buchdruckerkunst von Anfang an eine viel weiter greifende und umfassendere gewesen sei, als unsere bibliographischen Annalen auf Grund der Angaben in den Schlußschriften und auf den Titeln der Bücher erkennen lassen, — Annahmen, die ich theilweise zunächst nur hypothetisch zu construiren vermochte — sind durch die archivalischen Forschungen und Funde der letzten Jahre in einer Weise, die meine kühnsten Hoffnungen übertrafen, bestätigt und erweitert worden. Die in der Baseler Bibliothek aufgefundene Correspondenz Anton Koburgers in Nürnberg mit seinen Baseler Buchdruckern entrollt uns das Bild einer großartigen Geschäftsthätigkeit, die uns mit Bewunderung und Verwunderung erfüllen muß. Diese Correspondenz und andere neugefundene Thatsachen zeigen uns bereits seit dem siebenten Jahrzehent des 15. Jahrhunderts die Frankfurter Büchermesse als eine feststehende, geordnete Institution. Die archivalische Forschung hat des weiteren die stille Commanditisten-Betheiligung von Buchhändlern und Kapitalisten an der anscheinend selbständigen Verlagsthätigkeit so mancher bedeutender und hochgepriesener Buchdrucker auf das weitgehendste nachgewiesen. Ich selbst hatte diese Betheiligung vor nunmehr 34 Jahren in meinen Beiträgen zur Geschichte des deutschen Buchhandels zuerst betont und an dem Verhältniß des Buchhändlers Franz Birckmann in Cöln zu Johann Froben in Basel noch mühsam aus dem Erasmischen Briefwechsel herausconstruiren müssen. Viel gepriesene Buchdrucker sind seitdem von ihrem usurpirten Verlegerthron herabgestiegen; hinter Johann Amerbach, Johann Petri und den Erstlingsarbeiten Johann Frobens in Basel tritt die geschäftlich imposante Persönlichkeit Anton Koburgers in Nürnberg hervor und stellt sie in den Schatten, — hinter dem vielgerühmten Bibeldrucker und Freunde Luthers, Hans Lufft in Wittenberg, erscheinen der unbekannte bescheidene Goldschmied Christian Döring und seine Geschäftsnachfolger Moritz Golz, Christoph Schramm und

Partel Vogel. Wohl planten manche Buchdrucker große Unternehmungen — wie z. B. der schon genannte Johann Amerbach — zur Beschäftigung ihrer Pressen, aber zur Durchführung derselben suchten sie sich Buchführer oder Kapitalisten, die das Geld dazu vorschossen, ihre Pressen eben in Gang erhielten, Geschäftsfreunde, welche sie — nämlich die Drucker — wie der gebräuchliche Ausdruck war „verlegten". So nennt denn auch Valentin Bapst in Leipzig im Jahre 1543 die Männer, welche ihm das Geld zur Einrichtung und Vergrößerung seiner Druckerei darliehen, seine „Verleger" und noch im Jahre 1600 bemerkt Henning Große, daß die Buchhändler „die Buchdrucker verlegten". So hatte denn auch wohl von Anfang an der Besuch der großen Meßplätze seitens der Buchdrucker vielfach nur den Zweck, Verleger, d. h. also Beschäftigung für ihre Pressen zu suchen, oder von ihnen wirklich selbst auf Speculation gedruckte Auflagen en bloc unterzubringen, unter Umständen sogar — wie es z. B. Anton Koburger mit den Baselern erging — förmlich aufzunöthigen. Dabei blieb es aber keineswegs ausgeschlossen, war sogar bis zu einem gewissen Grade die Regel, daß der Buchdrucker einen größeren oder geringeren Theil der Auflage zu eigen behielt, unbedingt aber den sogenannten Zuschuß und die Defecte. Der Buchführer übernahm nur die bestellte oder erhandelte runde Zahl von Exemplaren; das was von den einzelnen Bogen vorsorglich zum Ersatz schlecht abgezogener oder sogenannter Mönchs- oder Milchbogen mehr gedruckt worden war — und zwar auf dem vom Verleger bezahlten oder gelieferten Papier — das verblieb unbedingt dem Buchdrucker, konnte von ihm anderweit geschäftlich verwerthet werden. Schon frühzeitig scheint nach dieser Richtung hin von den Buchdruckern nicht immer ganz gewissenhaft und ehrlich verfahren worden zu sein; oft genug scheinen sie diesen Brauch und dieses ihnen eingeräumte Recht zur Ungebühr ausgenutzt zu haben. Denn frühzeitig traten förmliche Contractabschlüsse über Leistung und Gegenleistung, über Vorausbezahlung oder Vorschüsse der Auftraggeber ꝛc. auf; im Jahre 1508 verpflichtet z. B. Herrmann Barckhusen in Rostock seinen Drucker, von dem zu druckenden Hamburger Brevier ohne sein Wissen und Willen nicht mehr als 600 Exemplare aufzulegen, höchstens deren zehn zuzuschießen. Eine aus diesem Brauch erwachsende geradezu betrügerische Handlungsweise mancher Buchdrucker ist denn auch der Grund, weshalb von vornherein die im 16. Jahrhundert hervortretenden Buchdrucker-Ordnungen gegen das betrügerische Zuschießen eifern, über das sich noch im J. 1668 die sächfischen Buchhändler bitter beschweren. Die Leipziger hatten sogar im J. 1602 unter Führung Henning Große's den Versuch gemacht, das Einschreiten des Rathes gegen den Sortimentsbuchhandel zu erwirken, welchen Abraham Lamberg mit diesen seinen rechtmäßigen Zuschußexemplaren trieb; allerdings verkaufte er sie, wie behauptet wurde, „unter der Tax", d. h. unter dem Buchhändler-Nettopreise. Selbst bis in eine ziemlich späte Zeit hinein drückt sich jenes anfängliche Zurücktreten des eigentlichen Verlegers gegen den Buchdrucker sogar noch äußerlich aus. In den ersten Zeiten, daß der Verlegername wirklich bereits auf den Verlagsartikeln genannt wurde, versteckt er sich meist in der Schlußschrift, verbirgt sich in der Vorrede 2c., während der Name des Druckers auf dem Titelblatt prangt und noch bis tief in das 17. Jahrhundert hinein kommt es häufig genug vor, daß auf den Titelblättern der Druckort und Druckername in hervorragender Schrift vor dem Verlagsort und dem Verlegernamen den Vortritt hat.

In so weit nun aber der geschäftliche Vertrieb der Bücher in Betracht kommt, waren gedruckte Bücher — noch fast ein Jahrhundert lang über ihr erstes Auftreten hinaus — in den Augen des Handelsstandes zunächst nur eine neue Waarengattung, mit deren Vertrieb sich Jedermann befassen konnte, sich befassen durfte, — keineswegs das gleichsam privilegirte Object einer neuen Händlergruppe. Bücher wurden, wie das Papier, neben anderen Waaren auf Messen, Jahrmärkten und Handelsreisen mitgenommen und wenn auch wohl Papierhändler, Briefmaler und Buchbinder sich mit in erster Linie dieser neuen Waarengattung bemächtigten und so zum eigentlichen und reinen Buchhandel übergehen mochten, so waren es zunächst doch wohl — neben wirklich selbst verlegenden Buchdruckern — nur wenige Buchführer mit ausgebreiteterer Verlagsthätigkeit oder Commandit-Betheiligung, welche den Buchhandel als völlig selbständiges Gewerbe betrieben. Und dies ist auch erklärlich. Trotz Wanderverkehr und Hausirbetrieb konnten ja so manche der Orte, in denen wir nach und nach immer mehr kleine Buchführer auftauchen sehen, durch den Buchhandel allein ihnen noch kein genügendes Erwerbsfeld bieten, ja, es mochten selbst größere, verkehrsreiche Städte, namentlich bei der sich hier steigernden Concurrenz, dies genügende Erwerbsfeld nicht gewähren können, wie uns dies unser Leipzig zeigen wird.

So ist denn auch der Buchhandel, im Gegensatz zu dem Buchdruckergewerbe, bis in die neuere Zeit hinein ein freies Gewerbe verblieben, die Berechtigung zu seinem Betriebe nie an zunft- oder innungsmäßige Bedingungen: an den Nachweis regelrechter Erlernung desselben geknüpft gewesen; die kurf. sächsische Bücher-Commission zu Leipzig betont dies ganz ausdrücklich in einem um das Jahr 1730 eingereichten Bericht. Wenn aber seit dem Beginne des 17. Jahrhunderts hier und da der Sortimentsbuchhandel nach localem Privilegienschutz strebte, so erwuchs dies Streben doch nur aus den gedrückten Verhältnissen, aus der Noth der Zeit, lag im Zuge derselben und trug keineswegs einen zünftlerischen Charakter. Erst als der Buchhandel im 19. Jahrhundert in den Augen des Polizeistaates zu einem staatsgefährlichen Gewerbe erwachsen war, führte letzterer das Concessionswesen, in Preußen schließlich die Examina ein, keineswegs aber mit der Absicht, zur Förderung und Hebung des ersteren mitzuwirken, vielmehr nur um den angeblichen Feind zu bändigen. Um so unbegreiflicher ist die jetzt herrschende Strömung, welche — unter Verläugnung des geschichtlichen Entwickelungsganges des deutschen Buchhandels — diese Segnungen des Polizeistaates zurückerstrebt. Vergessen ist, in wie engherziger Weise der Examenzwang seiner Zeit zum Theil in Preußen, speciell in Berlin, von den examinirenden Collegen ausgenutzt worden ist.

Den entgegengesetzten Weg gingen die Buchdrucker. Bei ihrer „Kunst" — von Gewerbe durfte ja bis zum Ende des vorigen Jahrhunderts nicht gesprochen werden — entwickelten sich Zunftzopf und Zunftpennalismus schnell in der abschreckendsten Gestalt, und um so schlimmer und greller, je mehr die wirklichen technischen Leistungen zur Jämmerlichkeit und Erbärmlichkeit herabsanken. Wenn ein guter Theil der ersten Buchdrucker aus den Kreisen verkommener Studenten oder Bachanten hervorgegangen ist — Friedrich Kapp hat das wenigstens für Basel urkundlich nachgewiesen — so wird die Hinübernahme eines Stückes studentischen Pennalismus, des Depositionswesens, in die Gebräuche der neuen Kunstgenossenschaft um so erklärlicher, weniger dagegen das schnelle Wachsen des Zunftzopfes. Für Basel ist bereits aus dem Jahre 1471 ein Strike der Buchdruckergesellen constatirt und in den ersten Jahren des sechzehnten beräth der leipziger Rath bereits zweimal über eine Buchdrucker-Ordnung; leider erfahren wir das Resultat dieser Berathungen nicht. Schnell sanken die Buchdrucker-Herren fast zu Knechten ihrer Gehülfen — Gesellen zu sagen, wäre eine Beleidigung gewesen — herab; die Verrufserklärung, das „Gescholtenwerden" aus dem Munde eines anmaßenden oder untüchtigen Gehülfen konnte den Geschäftsbetrieb eines Buchdruckerei-Besitzers förmlich lahm legen, den Gescholtenen zum Nachgeben nöthigen. Erklärlich ist es also, wenn schon um die Mitte des 16. Jahrhunderts einige Ehefrauen solcher in Basel ihre Eheherren bestürmten, die „Sudlerei" aufzugeben und sich dem reinen Buchhandel zu widmen, — mehr als erklärlich, wenn es ihnen ergangen ist, wie der Ehefrau des Buchdruckers Johann Sauer in Frankfurt a. M., von welcher die Gehülfen im Jahre 1597 verlangten, daß sie ihnen das Wasser zum Waschen der Formen zutrage; sie für ihre Person hielten es für unter ihrer Würde, selbst zum Brunnen zu gehen. Für Norddeutschland wurde dieser Zunft-Terrorismus der Buchdruckergesellen erst um das Jahr 1770 durch die preußische und sächsische Regierung gebrochen und zwar auf energische Anregung Immanuel Breitkopf's in Leipzig und der größeren Berliner Buchdruckereibesitzer; für Süddeutschland freute er sich noch länger seines Daseins.

Alle jene Eingangs erwähnten, für den ältesten Entwickelungsgang des deutschen Buchhandels bezeichnenden Momente treten uns nun aber auch für Leipzig in den urkundlichen Nachrichten unseres Stadtarchives entgegen; auch sie bestätigen abermals eine frühzeitige, bisher nicht im entferntesten geahnte hohe Entwickelung der Verkehrs- und Geschäftsverhältnisse, sie erweisen, daß auch die Leipziger Büchermesse schon viel früher zu einer weit größeren Bedeutung erwachsen war, als man nach den bisher bekannten dürftigen Nachrichten anzunehmen berechtigt war. Aber diese ältesten Archivalien: die Raths-, Schöppen-, Richter-, Contract- und Kummerbücher u. s. w., waren in dem Wechsel der Gerichtsorganisationen der letzten Jahrzehnte dem Gewahrsam der Stadt entzogen worden; sie waren in das Dresdener Haupt-Staatsarchiv übergeführt worden. Sie zu studiren hätte eines Monate langen Aufenthaltes daselbst bedurft, der für Localhistoriker und Specialisten, welche ihren Liebhaber-Studien nur spärliche Mußestunden widmen können, außer Frage steht. Erst seit Anfang des Jahres 1884 ist ein großer Theil dieser Schätze der Stadt zurückgegeben worden und steht zu hoffen, daß es den städtischen Behörden bald gelingen möge, für das Archiv solche Räume zur Verfügung zu stellen, daß dadurch jeder Vorwand für fernere Zurückhaltung des Restes aus dem Wege geräumt wird.

Die Darstellung der Verhältnisse könnte vielleicht hier und da den Eindruck machen, als beruhe sie auf einer zu beschränkten Zahl von Thatsachen, als sei eine oder die andere Schlußfolgerung zu gewagt. Dem entgegen ist doch zu betonen, daß die benutzten Quellen — und es sind die einzigen, die benutzt werden können — ja meist nur solche Vorkommnisse berichten und verzeichnen, die zu Streitigkeiten und zu Handlungen der freiwilligen Gerichtsbarkeit Veranlassung geboten haben. Diese aber werden doch voraussichtlich keinen allzu hohen Procentsatz in dem Gesammtumfang des geschäftlichen Verkehrs an sich gebildet haben. Ich glaube, man ist vollauf berechtigt, aus einer verhältnißmäßigen Vielzahl bedeutsamer solcher Vorkommnisse auf eine relativ weit höhere Entwickelung des Geschäftsgetriebes zu schließen, als die absolute Zahl der uns überlieferten Thatsachen scheinbar nur anzunehmen rechtfertigt.

Der Buchdruck scheint im Jahre 1479 in Leipzig eingeführt gewesen zu sein; wer ihn einführte, das steht noch in Frage. Der Buchdrucker Lang Nickel, der im December 1479 zwei oder drei Wächtergeld schuldete, ist eben nicht mit dem Einwande aus der Welt zu schaffen: er werde wohl nur ein vagirender Gesell gewesen sein. Die stattgefundene Heranziehung zur Steuer überhaupt hat seine Seßhaftigkeit zur Voraussetzung, abgesehen davon, daß sein etwaiges Wandern in einer Gegend unverständlich bliebe, in der es noch keine Buchdruckereien gab; denn die des Lucas Brandis in Merseburg war seit vier Jahren verschollen. Als Wanderer hätte Lang Nickel also nur ein wandernder Händler mit Büchern sein können; aber auch dann wäre seine Anwesenheit in Leipzig ein directer Beweis dafür, daß die Universitäts- und Meßstadt schon nicht mehr außerhalb des Handelszuges der neuen Bücherhändler lag. Ein etwas räthselhaftes, erst neuerdings aufgefundenes Documenten-Fragment — ich werde es im Archiv näher beleuchten — macht es sogar mehr als wahrscheinlich, ja, berechtigt fast mit Sicherheit zu der Annahme, daß bereits im Anfang der siebenziger Jahre Peter Schöffer und die drei ersten Baseler Buchdrucker: Berthold Ruppel, Bernhard Rihel und Michael Wenszler, in persönlichen, also doch wohl geschäftlichen Beziehungen zu Leipzig, vielleicht sogar zu seiner Messe standen. Dies gestattet denn auch jetzt, was ich früher nicht wagte, die Einnahmepost der Leipziger Stadtkassenrechnung vom Jahre 1479: „Pf Mittwoch nach vocem Jocunditatis vor j Buch, im marckte gepfant, ingenommen 18 gr." mit einem thatsächlich schon statthabenden Bücherverkehr auf der Leipziger Messe — dem werdenden Verkehrs-Centrum des Ostens — in Verbindung zu bringen. Es gestatten diese Daten vielleicht sogar den weiteren Rückschluß, daß der literarische Verkehr überhaupt, nämlich der Kleinverkehr der Briefmaler und Kartenmacher, schon früher eingezogen war und sich die Messe dienstbar gemacht hatte.

Die ersten unanfechtbaren urkundlichen Nachrichten, die neben den datirten Leipziger Drucken, wenige Jahre nach diesen, auftauchen, zeigen uns den literarischen Verkehr von außen, und bereits von weither, zur Messe strebend, — zeigen uns Verlags-Associationen, die auf Geschäftsverbindungen nach auswärts weisen und vielleicht gar schon die Keime einer geschäftlichen Organisation andeuten. Die Leipziger Büchermesse tritt uns, wenn der etwas hochtrabende Ausdruck zulässig ist, mit dem letzten Jahrzehnt des 15. Jahrhunderts aus dem Nebel der buchhändlerischen Urzeit gleichsam schon als eine herkömmliche Institution entgegen. Wenn es auch kaum statthaft wäre, aus einem in die Stadtkassen-Rechnung des Jahres 1484 eingelegten Zettel, der von „Abbam buchbinders gutern die bey doctor Maunen gekomert" spricht, Folgerungen ziehen zu wollen, so finden wir doch 1493 den Briefmaler Caspar Ryß aus Nürnberg in Leipzig auf der Oster- und Michaelismesse; er hatte dem Maler Hermann Stein „gemalte Tuch" — d. h. Bilder auf Leinwand gemalt, vielleicht auch Tapeten, entgegengesetzt den noch überwiegenden Bildern auf Holz, den „Tafeln" — geliefert. Es wird uns hiermit zugleich eine weitere Perspective in die in einen förmlichen Kunsthandel hinüberspielende Geschäftsthätigkeit der Briefmaler eröffnet, von der uns weitere Spuren später aufstoßen werden. Tritt doch auch später vereinzelt die Bezeichnung „Kunstträger" auf, analog der öfter vorkommenden: „Briefträger" für Briefdrucker oder Briefmaler.

Bereits zwei Jahre später, 1495, deutet sich eine fortlaufende Geschäftsverbindung für diese Branche mit Nürnberg darin an, daß der Leipziger Kartenmacher Melchior Rist für seinen Nürnberger Gewerbsgenossen Fritz Zwierstwager die Abwickelung einer Schuld Thomas Preuner's an letzteren vermittelt. In Leipzig selbst erweiterte sich der betreffende Geschäftsbetrieb bald ansehnlich; neben Melchior Rist, der bis zum Jahre 1522 vorkommt, treten 1500 Hans Hegener von Augsburg, 1504 Kunz Leisenteuter von Schwabach, ein erfahrner Kriegsmann, 1513 Lorenz Kune (bis 1530), 1514 Leonhard Kraut, 1518 Matthies Pantzsch von Halle (?), 1519 Heinz Mösch und 1521 Wolf Angermeyer (vielleicht ein Fremder) hervor, später Michel Botner (stirbt 1530) und Lorenz Pleßing. Die Messe blieb auch für sie ein wesentlicher Vermittelungspunkt ihrer Grossogeschäfte; denn Johann Rist, der Bruder Melchior's, zweifellos identisch mit Hans Kartenmaler von Erfurt, hatte sich z. B. im Jahre

1506 verpflichtet, dem Papiermacher Dominicus Ponat von Mühlhausen zu Leipzig auf der Messe zu Recht zu stehen. Letzterer schloß sogar auf der Ostermesse 1513 mit Lorenz Kune einen förmlichen Vertrag, auf Grund dessen er ihm ein laufendes Conto mit einer Maximal-Credithöhe von 20 Gulden eröffnete, und der Kartenmacher Matthies Lotter von Dresden bezog regelmäßig die Leipziger Messen, ordnete hier in der Neujahrsmesse 1515 seine Angelegenheiten mit Hans Rist von Erfurt, und im Jahre 1522 bezog sogar ein Briefmaler Rupprecht aus Niederland die Messe mit „gemalten Briefen", ließ aber allerdings seine Waaren (Schulden halber) einfach im Stich. Wie umfangreich, ja massenhaft aber die Fabrication dieser literarischen Kleinwaare betrieben wurde — man hat eben Briefe und Karten als eine einheitliche Waarengattung zu betrachten — ist daraus zu schließen, daß in der Michaelismesse 1510 dem Hans (Rist), Kartenmaler von Erfurt, durch Dietrich Schelhorn „etliche faß" wegen einer Schuld von 30 Gulden verkummert wurden, daß der Kartenmacher Heinz Mösch in der Neujahrsmesse 1522 von dem Papiermacher Andreas Ponat von Frankenhausen sechs Ballen Papier zu je 5 Gulden entnahm, ihm in der Ostermesse sogar 60 Gulden für Papier schuldete, Lorenz Kune aber bei seinem Tode dem Papiermacher Paul von Glauchau sogar 94 Gulden, Michel Botner zu gleicher Zeit verschiedenen Lieferanten aber 78 Gulden. Wurden auch zur Herstellung von Karten, wenn man nur an diese denken will, stets mehrere Bogen Papier erst aufeinander geklebt — um die erforderliche Stärke zu erlangen, ganz ebenso wie bei den ersten Pappen — so konnte doch immerhin aus diesen Papiermengen ein ganz stattlicher Waarenvorrath hergestellt werden, den Leipzig wohl schwerlich für sich allein zu consumiren vermochte, — ein Waarenquantum, dessen Absatz also einen weitausgreifenden Geschäftsbetrieb bedingte. Letzterer deutet sich auch darin an, daß Matthies Lotter von Dresden seinem Kollegen Hans Rist von Erfurt sogar ein Pferd ablaufte, beide also nothwendiger Weise den Hausir- und Wanderverkehr systematisch betrieben haben müssen.

Gleichzeitig mit diesem ersten, wohlverstanden nur ersten urkundlich belegten Hervortreten des literarischen Kleinverkehrs und der Vorläufer der Buchführer in Leipzig und auf der Leipziger Messe, genau genommen sogar drei Jahre früher, erscheint nun auch der wirkliche, vom Buchdruck abgelöste Verlagsbuchhandel in Leipzig auf der Bildfläche, und zwar in der in den einleitenden Ausführungen betonten Form der Association mit stillen Theilhabern. Es handelt sich um die im

Jahre 1490 von Moritz Brandis in Leipzig gedruckte Ausgabe des Sachsenspiegels.

Sie war nicht auf seine Kosten hergestellt, vielmehr für Johann Lörr oder Lorer — der über dem r stehende Haken kann sowohl als Verdoppelungs-, als auch als Abkürzungszeichen gelesen werden — und Mag. Christophorus Kuppner gedruckt worden und lagerten die Exemplare noch bei Moritz Brandis, als sein gesammtes Hab und Gut von seinen Gläubigern mit Kummer beschlagen (arrestirt) wurde. Wären dieselben nicht das Eigenthum genannter beider Männer gewesen, wenigstens nicht zum Theil, so hätten die anderen Gläubiger sicherlich nicht ein solches Werthobject, nämlich 386 Exemplare, von denen der Antheil Kuppner's später zum Preise von einem Gulden für je drei an Martin Landsberg überging, aus dem Kummer entlassen. Darin aber, daß bei der Auseinandersetzung der Parteien „dem priester mauricien Bruder von sollichen Sachsenspigeln .... 10 gulden gereicht" wurden, scheint mir die Andeutung zu liegen, daß der Drucker auch hier in dem Zuschuß nach herkömmlicher Weise einen Antheil an dem Verlage behalten hatte.

Wer war nun aber Johann Lörr? Ein Buchführer in Magdeburg! Noch im Jahre 1517 druckte Melchior Lotter in Leipzig ein Missale der Brandenburger Diöcese für ihn, auf welchem Druck Lörr ausdrücklich als Buchführer bezeichnet wird. Sein Bevollmächtigter in Leipzig aber war Ambrosius Stulschreiber, den ich für identisch halte mit dem seit dem Jahre 1469 im Schöppenbuch vorkommenden Ambrosius Maler oder Illuminista, der auch im Jahre 1477 Schreiberarbeit für den Rath lieferte. Nahe liegt die Annahme, daß er für Johann Lörr das Rubriciren der Exemplare übernommen hatte, aber fast ebenso nahe die Hypothese, daß der Bevollmächtigte Lörr's, als welcher Ambrosius ja bei den Abmachungen auftritt, in engerer geschäftlicher Beziehung zu seinem Principal stand, daß der Schreiber ein ständiger Agent des Buchführers auf der Messe war, oder bereits früher gewesen war.

Ein gleichartiges Commanditisten-Verhältniß scheint auch durch die Differenzen hindurchzuschimmern, in welche Kunz Kachelofen im Jahre 1498 mit dem auch bei dem Vertrieb der Schedel'schen Chronik betheiligten Hans Schmidehofer „der missalien halbenn" verwickelt war. Der Gegenstand des Streites war das von ersterem im Jahre 1497 gedruckte Prager Missale, welches nach Schmidehofer's Tode noch von seiner Wittwe Martha als anscheinend einziger Verlagsartikel geführt und schließlich noch von 1519 ab von Gregor Jordan in der später zu erwähnenden Collectiv-Filiale in Prag vertrieben wurde. Also auch hier wieder die Andeutung in die Ferne reichender buchhändlerischer Geschäftsverbindungen.

Völlig klar treten diese und die Anziehungskraft der Leipziger Messe auf das Buchgewerbe nun aber im Jahre 1492 hervor, in welchem die Anwesenheit des Buchführers Wilhelm Bel von Cöln, nicht von Wien, wie ich bisher auf Grund eines Abschreibefehlers berichtet hatte, zur Ostermesse nachgewiesen ist. Sein Weg hatte ihn über Erfurt geführt; er kam also wohl von der Frankfurter Fastenmesse. Da aber seine Anwesenheit in Leipzig auch für Anfang Juli constatirt ist, so ist daraus zu folgern, daß er auch die Naumburger Petri-Pauls-Messe ausgenutzt, also auch diese bereits im 15. Jahrhundert Bedeutung für den Buchhandel gewonnen gehabt haben dürfte. Wesentlich unterstützt und verstärkt aber werden diese einzelnen Andeutungen über die wachsende Wichtigkeit der Leipziger Büchermesse durch das undatirte herzogliche Präventiv-Verbot gegen den Vertrieb von Druckschriften in dem Streite wegen des Fastenablasses zu Gunsten der abgebrannten Collegiatkirche in Freiberg. Da der Streit im Jahre 1496 durch päpstlichen Entscheid beigelegt wurde, so kann es spätestens aus dem Ende des Jahres 1495 stammen und verdient als ältestes Denkmal der sächsischen Preßpolizei wohl einer vollständigen Mittheilung.

Wir werden auch bericht wie sich ettliche personen bey euch vnderstehn vnnd das Consilium Breytenbachs von den gebrechen So sich zwischen vnnsern lieben Andechtigen dem Capittel des Stiffts zu Freybergk, vnnd den mönchen der pawler vnd Barfuser ordens vmb das putter Essen vnd Milchspeyß halben an andern frembden orthern drucken vnnd das gein Leypzk bringen lassen. Derhalben wir Begern, Ir wollet bey den Buchdruckern vnnd andern so pflegen Bücher zuvorkouffen, bestellen vnnd vorschaffen das dieselbigen Nawgedruckten Consilia bey euch nicht angenommen noch gekoufft oder vorkonfft werden, bis zu austrage der sache, welches tehl also denn Recht haben wirdet lassen wir gescheen.

Hier tritt uns Leipzig als unumwunden anerkannter Büchermarkt entgegen.

Neben verlegenden Buchdruckern barg aber Leipzig bereits seit dem Jahre 1489 reine Buchführer, die aber nur den Sortimentsvertrieb gepflegt zu haben scheinen, in seinen Mauern. Den Reigen eröffnet

Andreas Hindenumb aus Mittweida; ihm folgten 1492 Albrecht Hofer aus Wasserburg, dessen Wirksamkeit sich bis in die Anfänge der Reformationszeit erstreckt, 1493 Bacc. Georg Rahner aus Brixen, mit der angesehenen und reichen Familie Wolkenstein verschwägert, der aber schon im Jahre 1505 mit Schulden belastet starb. Er stand anscheinend mit Johann Lörr in Magdeburg, bestimmt bereits mit Johann Rynmann in Augsburg in ausgedehnterer Geschäftsverbindung: letzterem schuldete er 33 fl. 10 gr., welche schon in der voraufgehenden Messe fällig gewesen waren, für welche Schuld dann Rhynmann, neben dem Hausrath, „einen kasten vnd 2 vessichen bucher" im Gewölbe verkummern ließ. Hans Schmidehofer's, der aus Böhmen stammte und dessen Frau eine Tochter des schon im Jahre 1471 vorkommenden Buchbinders Paul Clemen war, wurde bereits gedacht.

Aus welchen Berufskreisen gingen nun diese Händler mit einer neuen Waarengattung und die ersten Leipziger Buchdrucker hervor? Zunächst lieferten die Buchbinder naturgemäß ein starkes Contingent, waren wohl anfänglich ziemlich alle am Buchhandel betheiligt; haben sie sich doch auch später stets einen gewissen Antheil an dem buchhändlerischen Verkehr zu wahren und ihn gegen alle, zum Theil historisch unberechtigte Anfechtungen zu behaupten gewußt. Es sei in dieser Beziehung nur auf die frappante Thatsache hingewiesen, daß Christoph Plantin und Ludwig Elsevier, beide Begründer hochberühmter Buchdrucker- und Buchhändler-Dynastien, von Hause aus Buchbinder waren. In Leipzig war im 16. Jahrhundert der Antheil der Buchbinder am Sortimentsbuchhandel sogar ein sehr bedeutender; schuldete doch Georg Ficker im Jahre 1541 an Bartel Vogel in Wittenberg allein 175 fl. 16 gr., übernahm Christoph Birck doch ganze Verlagsnachlässe und Sortimentslager. So scheinen denn sogar hier und da die Bezeichnungen: Buchführer und Buchbinder als synonym gebraucht worden zu sein. Als Beispiele mögen dienen: die Familie Clement (der Name variirt in den Formen Cleman, Clemen, Clement, Clementi), die mehrere Buchführer stellte — Peter der ältere, aus Waldau gebürtig, wurde im Jahre 1500 gegen Zahlung von 42 gr. zum Bürger aufgenommen, hing also nicht direct mit dem oben genannten Paul zusammen —, dann Valentin Hartmann, Peter Schenck, Bastian Merten und Nickel Wolrabe der Aeltere, möglicherweise auch Hans Schmidehofer. Zu ihnen traten Halbgelehrte, vielleicht verkommene Studenten, wie der bereits erwähnte Georg Rahner, wie Wolfgang Stöckel, Martin Landsberg, später Mag.

Erasmus Bachelbel. Gern wurde in bestehende Geschäfte hineingeheirathet; Leipzig muß in jenen Zeiten das Gelobte Land der heirathslustigen Wittwen, selbst für alte — wenn sie nur Geld hatten — gewesen sein. So heirathete z. B. Wolfgang Stöckel die Wittwe des Buchdruckers Arnold von Cöln (sein eigentlicher Name war Neumarkt), Georg Bucher die reiche Wittwe Ludwig Horncken's, Erasmus Bachelbel im Jahre 1525 die keineswegs mehr jugendliche Wittwe Martin Landsberg's, deren erwachsenem Sohne Nickel Landsberg Haus und Hof sammt der Buchdruckerei vor der Nase wegschnappend. Diesem Recrutirungsgebiete reihte sich der Kaufmannsstand im allgemeinen an; er schied sich so wie so zu jener Zeit noch nicht nach Waarenbranchen; ein und dasselbe Geschäftshaus handelte — vielleicht nur commissionsweise — mit Metallen, Rauchwaaren, Heringen, Nürnberger Pfennig- und Eisenwaaren, Papier, Wolle, Tuch, Leder, Leinwand und frischen Fischen.

Aus diesem Kreise ging nun vermuthlich Kunz Kachelofen hervor. Seine ersten datirten Drucke stammen aus dem Jahre 1485, aber das Bürgerrecht hatte er bereits im Jahre 1476 erworben; es wird dabei nicht angegeben, welchem Berufe er oblag, aber vermuthlich betrieb er ursprünglich Handelsgeschäfte. Noch im Jahre 1513 verkaufte er in seiner Kramkammer unter dem Rathhause, die später sein Schwiegersohn Melchior Lotter innehatte, neben Büchern „zucker, grünen yngwer, Thyriack vnd andere wahre", besorgte auch Kupfer, während ja auch Lotter Weinschank und Gastwirthschaft betrieb, möglicherweise auch Geschäfte in Leinwand und Leder nicht verschmähte. War aber Kunz Kachelofen in der That kein zunftmäßig gelernter Buchdrucker, so that das später der Güte und Schönheit seiner typographischen Leistungen keinen Eintrag, ebenso wenig wie es die ihnen ebenbürtigen Valentin Bapst's schädigt oder verdunkelt, daß er erst im Jahre 1541 als Buchdrucker das Bürgerrecht erwarb, vorher aber Handelsgeschäfte betrieb, z. B. im Jahre 1530 solche in Garn mit dem Buchdrucker Jacob Thanner abschloß.

Mehrfach kommen die Belege dafür vor, daß Leipziger Kaufleute und Gewerbetreibende, die im übrigen keineswegs als Buchführer bezeichnet werden, nebenher mit Büchern und — was wohl noch allgemeiner stattfand — mit Papier handelten; so Hans Binder 1514, der Zinn, Leinwand, Papier und Bücher verhandelte, so der Goldschmied Nicolaus Kuffner, dem der Buchbinder Peter Schenck 1516 acht Gulden für Bücher schuldete, so 1523 Andreas Hornung, so später 1544 Matthes

Klein und namentlich in den dreißiger und vierziger Jahren der Aller=
weltsmann Sebastian Reusch, dem nichts zu gering und nichts zu
schmierig gewesen zu sein scheint, daß er es nicht zum Gegenstande des
Gelderwerbes und der Speculation gemacht hätte.

Ebenso betrieben aber auch die Buchführer in Leipzig, einheimische
wie fremde, neben dem Buchhandel vielfach (anfänglich vielleicht alle)
noch anderweitige Handelsgeschäfte. Peter Clement, der Buchbinder und
Buchführer, handelte auch mit Wolle und wird im Jahre 1517 sogar
einmal ausdrücklich Tuchmacher genannt; im Jahr 1518 schuldet ihm
der namentlich mit Leder handelnde Jacob Bacher 82 fl., eine Schuld,
welche vielleicht aus Handelsverbindungen mit Schlesien erwachsen war.
Sein Sohn Franz Clement, ebenfalls Buchführer, betreibt 1529 Agen-
turen in Leder, Wolf Präunlein 1524 Speculationen in Zinn, Georg
Pfennig 1528 solche in Flachs. Noch nach der Mitte des 16. Jahrhunderts machte Bartel Vogel in Wittenberg größere Geld= und Pfand-
geschäfte, lieh auf Silberzeug, ja handelte mit solchem. Wie allgemein
aber zunächst diese Verquickung des Buchhandels mit dem Waarenhandel
überhaupt in Leipzig gewesen sein muß, geht am deutlichsten aus der
contractlichen Verpflichtung hervor, welche Gregor Jordan — der 1518
dem später zu erwähnenden Pantzschmann'schen Buchhandel sein Sortimentsgeschäft abkaufte — den Verkäufern gegenüber übernahm: keine
Schuldverbindlichkeiten gegen irgend Jemand anders, als die Verkäufer
einzugehen: „Welchs er denn nicht alleyne mit Buchern Sunder auch
mit ander wahr, an yren wissen vnnd willen nicht zuthun geredt
vnnd zugesaget hat."

Gang und gäbe muß es aber namentlich auch gewesen sein, daß,
wie die Buchbinder sich mit dem Bücherhandel abgaben, auch die Buchführer zum Theil nebenbei das Buchbindergewerbe betrieben. Hält sich
doch der Buchdrucker Martin Landsberg seinen eigenen Buchbinder in
seinem Hause und hatte doch der Buchführer Nickel Schmidt seinen
Diener Bastian von Dippoldiswalde ausdrücklich das Buchbinderhand-
werk erlernen lassen. In einem im Jahre 1515 gerichtlich abgeschlosse-
nen Dienstvertrage muß sich dieser verpflichten, „den laden zu rechter
zeidt wie ander burger vnd buchfurer auf vnd zu(zu)sließen durch
den tag darinnen (zu) sein, seins Handels (zu) warten, daneben . . .
bucher (zu) heften aber (zu) binden, somer zeidt des morgens vmb funf
hora an(zu)fahen, vnd des abends vmb Sechs hora auf(zu)horen, vnnd
winther zeidt, des morgens ein stundt zuuor ehr er den laden aufthut,

an(zu)heben, vnd des abendes ein stundt darnach, wenn er den laden zugethan, feyerabindt (zu) machen."

Mit dem Beginn des 16. Jahrhunderts schreitet nun die Entwicklung der Verhältnisse schneller vor, vielleicht nur scheinbar schneller, insofern die Quellen für unsere Kenntniß eben reichlicher fließen. Die Zahl der reinen Buchhändler steigt ungewöhnlich rasch. Es erwerben das Bürgerrecht oder treten auf im Jahre

1502 Balthasar Beck und — in der Matrikel ausdrücklich Buchführer genannt — Jacob Thanner;

1503 Andreas Hofflig oder Hoffding aus Karlstadt;

1504 Jörg Schwob oder Käß, Matthes Zuncke oder Zwencke, Balthasar Morer (Morrer, Murre), der aber bereits im Jahre 1507 als nach Frankfurt a. M. übergesiedelt erscheint; Wolf Schencke, der 1506 nach Erfurt übersiedelte, wenn vielleicht auch nur für kurze Zeit, und Blasius oder Valentin Hoffmann (dieser vielleicht nur Buchbinder);

1510, oder schon früher, Friedrich Peter und später seine Wittwe; sowie Martha Schmidhoferin;

1512 Ludwig Horncken aus Grüningen, von Cöln oder Paris übersiedelnd und in den hiesigen Acten vielfach verhochdeutscht Hörnchen oder Hornichen genannt;

1513 Peter Hofer und Simon Eckstein, der die Wittwe Albrecht Hofers geheirathet hatte;

1514 Blasius Salomon aus Grimma;

1515 Christian Breithut aus Bärwalde, der eine wohlhabende Wittwe heirathete, von ihr aber sehr kurz gehalten worden zu sein scheint, und Georg Werth (etwas fraglich);

1516 Bastian Merten, bald Buchführer, bald Buchbinder genannt;

1518 Bernhard Schwabe, der aber bald nach Dresden übersiedelt, Liborius Dithmar, der mir etwas zweifelhaft erscheinen will, Blasius, Buchführer vor dem Thor (und wohl kaum identisch mit Blasius Salomon), Thomas Romer und die Paul Schenckin, welche vielleicht in irgend welcher Beziehung zu Wolf Schencke steht, nebenher oder vorwiegend auch mit andern Waaren handelte;

1519 Thomas Thanigel, vorwiegend Buchbinder, und

1520 Benedict Roßkopf, zwei Schwäger, die sich aber nur in kümmerlichen Verhältnissen bewegten; ebenfalls im Jahre 1520 der schon 1515 vorkommende Buchführer Nickel Schmidt, der möglicherweise von dem Buchdrucker gleiches Namens zu unterscheiden ist, und Gregor

Jordan, welcher aber seine wirkliche Geschäftsthätigkeit bereits mit dem Jahre 1519 begonnen hatte;

1522 Hans Kelbell, Hermann von Cöln und Wolf Präunlein von Augsburg, der Pantzschmannin Diener, im nächsten Jahre Schwiegersohn Johann Rynmann's in Augsburg; endlich

1524 Mag. Erasmus Bachelbel aus Eger, der in Martin Landsberg's Ehebett schlüpfte, Lorenz Fischer, der bisherige Buchhandlungsdiener Melchior Lotter's, und Peter Clement der Jüngere.

Diese lange Reihe von neuen Firmen in dem kurzen Zeitraum zweier Jahrzehnte — Firmen, die auch wohl, wie Peter Clement im Jahre 1518, den Handel mit alten Büchern in ihren Geschäftsbereich zogen — deutet allein schon eine wesentliche Hebung des Verkehrs an. Allerdings erfährt man nicht, in wie weit alle diese Buchführer an der sich kräftig entwickelnden Verlagsthätigkeit Leipzig's, die ja auch ganz besonders von der Artisten-Facultät gefördert wurde, betheiligt waren; nur von Blasius Salomon vermag ich einen bei Johann Schott in Straßburg gedruckten Verlagsartikel zu constatiren. Unterstützt aber wurde der Aufschwung auch des Verlagshandels durch die fortschreitende Ausbreitung der Papierfabrication in Sachsen und Thüringen, durch den schwunghaft betriebenen Papierhandel. Dieser ist für Leipzig schon seit dem Jahr 1480 urkundlich nachweisbar; Bartel Landauer und Michael Alantsehe werden als Händler mit Papier erwähnt; letzterer lieferte im Jahre 1480 an den Rath. Er war von „Schango" (?) gebürtig und hatte das Bürgerrecht im Jahre 1477 erworben. Bei diesem sicherlich nicht häufig vorkommenden Familiennamen fühlt man sich unwillkürlich zu der Frage gedrängt, ob er nicht in Beziehungen zu den im Beginne des 16. Jahrhunderts hervorragenden Wiener Buchhändlern Leonhard und Lucas Alantse gestanden haben könnte?

Später hatte dann der Rath den Papierbedarf für seine Canzleien aus Nürnberg, Augsburg und Ulm bezogen; seit dem Beginne des 16. Jahrhunderts kaufte er aber das bessere — Ravensburger oder sonstiges Ochsenkopf-Papier und selbst italienisches Fabricat — von süddeutschen Händlern auf der Messe, geringwerthigeres von sächsisch-thüringischen Fabricanten und ließ sich später wieder die besseren Qualitäten durch Leipziger Buchführer, z. B. Melchior Lotter, von der Frankfurter Messe mitbringen. Zwar wurde bereits im Jahre 1498 in Leipzig selbst auch schon Papier fabricirt: „Dominicus der papirmacher off Merten Bawers moel" (d. i. die jetzt abgebrochene Angermühle) hat uns die erste Kenntniß von seiner Existenz dadurch vermittelt, daß er sich mit Peter Adam, wahrscheinlich einem Buchbinder, geprügelt hatte. Er war aus Spinal (d. i. Epinal) gebürtig und hieß eigentlich Gute oder „Banat" (Ponat); der letztere Name ist in der Stadtkassenrechnung des Jahres 1499 als anscheinende Correctur über den erstgenannten gesetzt. Aber seine Fabricate, deren Ueberreste ich in manchen Rechnungsanlagen zu den Stadtkassenrechnungen — fast braun zu nennender Stoff, mit stümperhafter Nachbildung des Ochsenkopf-Wasserzeichens — suchen möchte, können kaum Glück gemacht haben. Er scheint bald die Fabrication aufgegeben und sich dem reinen Papierhandel, später auch dem Wollhandel zugewandt zu haben. Seit dem Jahre 1502 hatte er eine Kramkammer unter dem Rathhause, hielt hier Lager und lieferte vielfach an den Rath, namentlich bessere Sorten, wobei sich zu ergeben scheint, daß der Ausdruck „Ravensburger" Papier generell für bessere Sorten, nicht bloß für Ochsenkopfpapier gebraucht worden sein dürfte. Ponat siedelte etwa um das Jahr 1511 nach Mühlhausen in Thüringen über, blieb aber in steter Geschäftsverbindung mit Leipzig, namentlich auch mit den Kartenmachern.

Weit bedeutsamer, und bald zahlreich, treten nun auch fremde, die Messen beziehenden und selbst Lager in Leipzig haltende Papiermacher aus Nord- und Mitteldeutschland auf: 1512 Hans Troy und Georg Beurlin von Belitz, später des letzteren Wittwe, 1517 Claudius von Prag, 1522 Andreas Ponat von Frankenhausen, 1524 Hermann Krafft von Nürnberg (vielleicht nur ein Händler), 1527 Paul Ulrich von Glauchau, vertreten durch seinen „Diener" Hermann Keferstein, 1530 Michael Schaffhirt von Dresden, so daß wir hier also schon so frühzeitig die uralten thüringisch-sächsischen Papiermacherfamilien Keferstein und Schaffhirt in geschäftlicher Thätigkeit erblicken.

Viel bedeutender als diese Papierlieferungen aus den näheren Mühlen dürften aber doch die durch den Papierhandel vermittelten Bezüge gewesen sein, vorwiegend aus den Depots der Nürnberger, Straßburger und Frankfurter Händler. Unter ersteren sind es seit den ersten zwanziger Jahren namentlich Hans Mohr oder Morer und Paul Dürr (Ture), die sich bemerklich machen. Viel hervorragender sind aber die Straßburger Händler. Schon seit den frühesten Zeiten des auf größerem Fuße betriebenen Buchhandels waren der Elsaß — und hier vorwiegend Thann —, Lothringen, namentlich aber Burgund — hier Epinal — und noch später Genf die leistungsfähigsten Productions-

und Bezugsstätten besserer Papiersorten. Aus diesen Quellen, und zwar durch die Vermittelung Straßburgs, bezog bereits im 15. Jahrhundert Anton Koburger den Bedarf für seine großartigen Unternehmungen, nach dort suchte auch im Jahre 1539 Nickel Wolrabe in Leipzig durch Vermittelung von Friedrich Ingolt in Straßburg Verbindungen anzuknüpfen, dort Credit zu erlangen, von dort wurde auch später fast der ganze Papierbedarf für die Jenaer Ausgabe von Luther's Werken bezogen. Die Papierhandel treibenden Buchhändler, wie später Nickel Nerlich in Leipzig und Samuel Selfisch in Wittenberg, bezogen wohl meist von der Frankfurter Messe, der letztgenannte zu hunderten von Ballen, wie er dem bekannten Arzt Leonhard Thurneyser in Berlin meldet; Kaufleute lieferten und spedirten von dort aus gleich transito über Leipzig nach dem Osten, wie 1541 „die Dürren" in Nürnberg, wie Sebastian Reusch in Leipzig.

Die steigende Bedeutung Leipzigs als Verlagsort prägt sich denn auch aus in seinem Eintreten in die damals noch allgemeiner, später nur noch beschränkter übliche Großbetriebsweise des Buchhandels, in dem Aufsuchen entlegener Absatzgebiete. Wenigstens ist für Melchior Lotter aus dem Jahre 1510 die Bereisung der großen Märkte zu Breslau und Posen durch seinen Diener Urban Port oder Porten nachgewiesen, sowie aus dem Jahre 1521 geschäftliche Beziehungen zu Danzig. Breslau aber bildete wieder, wie von jeher und auch später, zugleich die vermittelnde Brücke zum Verkehr nicht nur mit Polen, sondern auch mit Ungarn und Siebenbürgen, und die Summen, deren bei jenen Geschäften Lotter's Erwähnung geschieht — 50 fl., 80 fl., 137 fl. — beweisen, daß dabei an über den Jahrmarktsverkehr weit hinausgreifende Geschäfte gedacht werden muß. Hatten doch auch die neuerrichteten und schnell erblühenden Universitäten Wittenberg und Frankfurt a. O. geistiges Leben und literarische Bedürfnisse in Gegenden geweckt, welche bisher hierfür zum Theil steril gewesen waren.

Naturgemäß hob sich also auch der Meßbesuch der fremden Buchhändler; auch in den Augen der süddeutschen Matadore desselben war die Leipziger Messe bereits zu einem wichtigen, nicht mehr zu vernachlässigenden Factor für den größeren Geschäftsbetrieb erwachsen. Der süd- und westdeutsche Großbuchhandel durfte auch den Meßplatz des Ostens jetzt um so weniger ignoriren, als sich gleichzeitig ein Wandel in der Betriebsform und in dem Absatzgebiet eben dieses Großbuchhandels zu vollziehen begann: die Handels-Bilanz im internationalen buchhändlerischen Verkehr, die von Haus aus für Deutschland eine active gewesen war, schlug unaufhaltbar mehr und mehr in eine passive um; Ersatz dafür mußte gesucht werden.

Ersteres war erklärlich. Deutschland als die Geburtsstätte der Buchdruckerkunst hatte Jahrzehnte hindurch den Vorrang in der Production behauptet; dieser Production, weil fast ausschließlich in lateinischer Sprache, stand der damalige Weltmarkt offen. Deutsche waren es gewesen, welche die neue Kunst in alle Länder getragen, die Fäden auch der geschäftlichen Verbindungen mit dem Mutterlande geschlungen hatten; die Großbetriebsweise des Buchhandels knüpfte dieselben noch fester. Schon Peter Schöffer in Mainz hatte Commanditen in Paris und Angers errichtet und seine Verbindungen bis weit in den Osten hinein erstreckt, über Lübeck hinaus bis in die Ostseeprovinzen, nach Königsberg, nach Ofen; Anton Koburger hatte ein Netz von Commanditen und Niederlagen über sein Handelsgebiet ausgespannt: zwei Commanditen in Paris, eine in Lyon — sie vermittelte den italienischen und spanischen Verkehr —, Niederlagen in Wien, Ofen, Krakau und Breslau. Gottfried Hittorp und Ludwig Hornken folgten ihrem Beispiel für Paris, für Wittenberg und Prag, Franz Birckmann in Cöln für London. Aber die eigene Production Italiens und Frankreichs wuchs in übermächtiger Weise, drängte zum Absatz ins Ausland. Die römisch-rechtliche Literatur Italiens, die medicinische der Schule von Montpellier und vor allem der Siegeslauf der von Italien ausgehenden humanistischen stauten zunächst den bisherigen Handelszug und wandten ihn schließlich in sein Gegentheil um. In Deutschland hingegen erstarkte die Production in der Nationalsprache, zumal unter dem Einfluß der reformatorischen Bewegung; dieser Production war der Ausgang, zumal nach dem Süden, aus äußeren und inneren Gründen abgeschnitten: Deutschland vermochte nur noch viel weniger Bücher zu exportiren, es mußte mehr importiren. Die Betriebsweise des Großbuchhandels veränderte ihren bisherigen Charakter: die stationären Commanditen mit dem damit in Verbindung stehenden, in die Ferne strebenden Reise- — ich möchte fast sagen Karawanenverkehr, gingen nach und nach ein, der centralisirende Verkehr der Hauptmessen übernahm vorwiegend ihre Aufgabe; der Wanderverkehr erhielt sich vorwiegend nur noch für den Sortimentsvertrieb. Frankfurt a. M., welches zunächst nur noch die Beziehungen zu Italien mit Basel zu theilen hatte, trat die Erbschaft für den internationalen Verkehr an, Leipzig die für den sich weiter oder neu erschließenden Osten. Leipzig aber beginnt sofort die Keime der noch jetzt bestehenden Organisation des deutschen Buchhandels zu entwickeln.

Wie unentbehrlich die Leipziger Messe demzufolge den Buchhändlern, wenigstens denen des Ostens, bereits im ersten Viertel des 16. Jahrhunderts geworden war, das leuchtet am deutlichsten daraus hervor, daß Johann Rese von Groß-Glogan — er war unverschuldet, durch Brandunglück, herabgekommen — im Jahre 1519 ausdrücklich um deswillen mit seinen Gläubigern ein Abkommen trifft, ein Moratorium erbittet, damit ihm nur nicht der freie und ungehinderte Verkehr auf der Leipziger Messe abgeschnitten werde.

Nur ein schwaches Bild dieses Verkehrs vermag die trockene Reihe von Namen zu gewähren, welche auf Veranlassung von Differenzen verschiedenster Art in den Acten vorkommen. Bis zum Jahre 1528 habe ich nachstehende gefunden:

1504. Hans Horling von Freiburg i. Br. (Juncke und Höfflich sind seine Schuldner);
1505. Johann Lorr von Magdeburg und seine Frau, Johann Rynmann von Augsburg, Hans Bischoff von Triptis (ungewiß, wo eigentlich ansässig), Cosmas Portenbach (vielleicht von Augsburg);
1506. Hans Kunjacob und Lorenz Ryme von Magdeburg;
1508. Johann Rynmann, Balthasar Morer von Frankfurt a. M., Nickel Zschoppe von Prag, Bernhard Keßler von Basel;
1509. Nickel Zschoppe, Bernhard Keßler, Peter Drach von Speyer;
1510. Johann Rynmann, Peter Drach, Johann Schöffer von Mainz, Bernhard Keßler;
1511. Bernhard Keßler, Hans Kunjacob, Nickel Lamprecht von Basel, ein Reisediener oder Factor, welcher Johann Schöffer und Peter Drach zugleich vertritt, Johann Schönsperger von Augsburg, der sogar durch Kunz Kachelofen (und wie es scheint unrechtmäßiger Weise bekummert wird), Galle Koch von Ulm (etwas fraglich);
1512. Bernhard Keßler;
1513. Hans Strauß von Breslau, Hans Beck von Cöln, letzterer durch seinen Diener Hans Syburt vertreten, doch scheinen beide nur nebenher mit Büchern handelnde Kaufleute zu sein;
1514. Hans Beck;
1515. Johann Rynmann, Lorenz Wenzel (vielleicht Papierhändler) und Georg Stuchs von Nürnberg;

1516. Lorenz Heinrich von Schneeberg; es bleibt zwar zweifelhaft, ob sein Schuldverhältniß zu Johann Rynmann nicht aus Speculationen in Zinn erwachsen war, aber noch im Jahre 1537 rechnete er mit Wolf Präunlein wegen einer Schuld für Bücher ab.
1517. Augustin, Buchführer von Halle;
1518. Stentzel von Krakau, Hans Dorn von Braunschweig (dieser etwas fraglich);
1519. Johann Rese von Groß-Glogau (auch schon früher), Nickel Apfelstedt von Magdeburg, Franz Clauß von Breslau;
1520. Michel Schenck von Prag (vielleicht Kartenmacher);
1521. Nickel Schwabe von Danzig (seine Eigenschaft als Buchhändler ist zweifelhaft), Ludwig Truterbule von Halberstadt durch seinen Diener Jacob Eßlinger, Franz Clauß;
1522. Nickel Apfelstedt, Johann Grunenberger und Bartel Vogel von Wittenberg, Hans Mohr von Nürnberg, Franz Clauß, Rupprecht, ein niederländischer Briefmaler, Bernhard Schwabe von Dresden;
1523. Bernhard Schwabe, Baltzer Kerbrich von Cöln, der den Buchhandel wohl nur nebenbei betrieb, aber auch Gelder für Hans Mohr annahm;
1524. Baltzer Kerbrich, Christian Döring von Wittenberg, Matthes Günther von „Sellicka" (Züllichau?), Peter Ehrlich (Eyliß) von Jüterbock;
1525. Hans Schönsperger — er wird mit Kummer behaftet, bricht denselben, wird deshalb in die Acht gethan und kommt nie wieder, während die arrestirten Bücher aber erst im Jahre 1550 den Erben des betreffenden Gläubigers ausgehändigt werden — Lucas Kranach, Christian Döring und Joseph Klug von Wittenberg, Jacob Knop von Danzig;
1526. Johann Rese von Groß-Glogau, Merten vom Goldenen Kreuz von Prag (etwas zweifelhaft), Heinrich David, ein Gehülfe (aus Frankfurt a. M.?), Hans Mohr, Peter Höfer von Eisleben;
1527. Johann Lörsfeld von Erfurt, Jacob Lange von unbestimmter Herkunft;
1528. Christoph Schramm von Wittenberg, Matthis Genger von Straßburg, Blasius Harding von ?, dieser wohl nur ausnahmsweise, da die Zahlungsverpflichtung ausdrücklich auf Frankfurt a. M. gestellt wird.

In dieser Aufzählung habe ich des in meiner Abhandlung über Johann Herrgott erwähnten angeblichen Factums — Andreas Torresani di Asula, der Mitbesitzer und Geschäftsleiter der Firma Haeredes Aldi et Andreas soccr in Venedig, habe in der Zeit des Beginns der Reformation einen ständigen Bevollmächtigten in Leipzig gehalten — nicht gedacht. Meine Angabe beruhte auf einer mündlichen Mittheilung des verstorbenen Geh. Raths Gersdorf, von dem ich aber die mir seiner Zeit zugesagte Abschrift der Quelle nicht erlangen konnte. Ich habe jetzt in unserem Stadtarchiv vergeblich danach gespäht; dagegen bin ich neuerdings bei einem Durchblättern der Seidemann'schen Erläuterungen zur Reformationsgeschichte auf den Abdruck einer Urkunde gestoßen, welche unter ganz gleichen Verhältnissen, wie die mir seiner Zeit mitgetheilten, von dem Diener eines Walen Rafael Torresani spricht. Gersdorf dürfte also wohl durch den gleichlautenden Familiennamen irregeführt worden sein und ohne weiteres an den ihm, dem Bibliothekar, vertrauten Buchdrucker Andreas Torresani gedacht haben. Rafael Torresani dagegen war ein Florentiner Kaufmann, den ich in den Raths- und Schöppenbüchern vielfach gefunden habe. Man sollte sich eben niemals auf Citate verlassen!

Zum Theil richteten sich nun diese Meßbesucher, auch insoweit sie nur Sortiment führten, wohl sogar jetzt schon stehend in Leipzig ein, wie später die Wittenberger Buchführer, ließen ihre Vorräthe in Leipzig lagern, nahmen von Anderen Bücher zum Vertrieb in Commission, wie Bernhard Keßler von Basel — er hatte sein Gewölbe bei Augustin Pantzschmann — Johann Schöffer's unverkaufte Reste zur Verwahrung und eventuellen Verrechnung übernahm und im Jahre 1511 von Nickel Lamprecht von Basel eine Schuld von 23 fl. für Bücher, von Johann Konen Jacobff von Magdeburg eine solche von 19 fl. einklagen konnte, letzterem auch ein Faß mit Büchern verkummerte. Hans Beck von Cöln hatte sogar ein Gewölbe und zugleich eine Bude inne.

Beiläufig sei außerdem bemerkt, daß die Petri-Pauls-Messe in Naumburg in gewisser Beziehung als eine locale Dependenz der Leipziger Büchermesse zu betrachten sein dürfte; sie wurde speciell von den Leipziger Buchhändlern bis in das 18. Jahrhundert hinein bezogen und war nebenher ein viel vorkommender Zahlungs-Termin. Wilhelm Bel von Cöln hat sie jedenfalls schon im Jahre 1492 besucht, Martha Schmidhoferin verpflichtet sich im Jahre 1510 Peter Drach auf ihr 50 fl., Nickel Apfelstedt von Magdeburg 1519 7 fl. an Kunz Kachelofen zu zahlen und 1526 schließt auf ihr Jacob Lange mit Johann Lörsfeld von Erfurt einen Vertrag über den Druck von Büchern. Auch im Jahre 1559 ist ihr Besuch von Leipzig aus durch Lorenz Finckelthaus und nach der Mitte des 16. Jahrhunderts durch Nürnberger und Jenaer Buchhändler constatirt.

Der noch stattfindenden Verquickung des Buchhandels mit dem sonstigen Waarenhandel entsprechend erscheinen übrigens diese fremden Buchführer ebenfalls zugleich mit anderen Waaren zur Messe, z. B. Bernhard Keßler von Basel mit Antwerpener Tuch, Franz Clauß von Breslau mit Rauchwaaren — er handelte noch im Jahre 1539 außerdem mit Stahl oder wohl nur mit kleineren Stahlwaaren —, Elisabeth Pfennig von Posen mit Flachs und noch im Jahre 1541 bestellt Blasius Clement (übrigens kein Buchhändler) bei dem Buchführer Martin Siebeneck in Krakau eine Partie Wolfswammen zur Lieferung in Leipzig. Das interessanteste Beispiel aber bietet jedenfalls Hans Schönsperger von Augsburg, aus dessen väterlicher Druckerei ja der Prachtdruck des Theuerdank hervorgegangen ist. Er war zugleich Bürger in Zwickau, woselbst seit dem Jahre 1523 „Jörg Gastel des Hans Schönsperger von Augsburg Diener" mancherlei Klein-Literatur gedruckt hatte. Als Schönsperger's Güter im Jahre 1525 in Leipzig mit Kummer beschlagen wurden, befanden sich unter denselben, außer den Büchern, auch noch andere Waaren. Worin bestanden aber diese? Jedenfalls in gedruckten Webwaaren; denn während er selbst mit dem Jahre 1526 ganz verschwindet, tritt uns sein bisheriger Diener Georg Gastel — nunmehr in Glauchau domicilirt — im Jahre 1541 als „Ducherdrucker" entgegen, wie ja gleichzeitig auch „Leinnet Drucker" erwähnt werden. Gastel schuldet auch in der That im Jahre 1540 einem Nürnberger Händler 24 fl. für Parchent und Leinwand. So hatte wohl die Erfahrung und Beschäftigung im Holzschnittdruck Schönsperger, gleichsam rückläufig, zum Formdruck auf Geweben oder zum Tapetendruck geführt.

Ueber Gang und Formen des Meßgeschäftes fehlen uns natürlich die Nachrichten; aber heftig und derb scheint es gelegentlich unter den Gliedern des Buchgewerbes zugegangen zu sein. So gemessen, ich möchte sagen studirt gemüthvoll und abgeschliffen, man sich im schriftlichen Verkehr gab, ebenso kernfest und selbst handgreiflich im persönlichen. Bei den früher erwähnten Differenzen zwischen Kunz Kachelofen und Hans Schmidehofer muß es beispielsweise sehr heftig

hergegangen sein. Die Parteien waren beiderseits Hitzköpfe; der Rath mußte ihnen bei der hohen Strafe von 5 Schock Frieden gebieten. Im Jahre 1509 hatte Schmidehofer eine ähnliche Scene, als er Johann Senckler vor dem sitzenden Rathe „eines biebs procurator" schalt, während Kunz Kachelofen ein jähzorniger, hochfahrender Mann war, dem das Eisen etwas locker in der Scheide saß, an den im Jahr 1513 ein anderes Friedegebot sogar unter Androhung des Verlustes seines Bürgerrechts erging. Mit seinen Grundstücksnachbarn, dem Barbier Hans Platt und Georg Creuziger, lebte er in fortwährendem Zank und Hader: sie nannten ihn einen alten Schalk und Verräther, auch einen Landbescheißer. Gleiche Derbheit bethätigte auch Sebastian Reusch; zwischen ihm und seinen Geschäftsfreunden kam es ebenfalls zu „Maulpatzschen" und fast zum Zücken der Wehr. Schlägereien von Buchdruckern und Buchbindern werden öfter berichtet und Michel Blum der Jüngere, der Buchdrucker, wurde mit zwei Schock Strafe belegt, weil er auf einer Hochzeit Unfug getrieben, in Folge welchen Unfugs sich eine vorzeitige Niederkunft ereignet hatte. Aber die Nemesis ereilte ihn später; in seinem Alter prügelten ihn seine eigenen Buchdruckergesellen.

Zur Metzzeit aber scheint es gelegentlich etwas wild zugegangen zu sein; hierfür seien, wenn auch aus wesentlich späterer Zeit, nur zwei Facta erwähnt. Im Jahre 1565 waren Georg Rabe, möglicherweise der Gesellschafter Sigmund Feyerabends in Frankfurt a. M., und seine Gesellschaft, den angesehensten Leipziger Familien entstammend, in Caspar Schellhammer's Haus „mummen kommen", „darinnen ein schlahen entstanden", woran auch der sonst ehrsame und gesetzte Buchführer Lorenz Finckelthaus, später selber ein Rathsherr, Theil nahm und zwei Jahre darauf wurde Otto von Horn, „der frantzoßische Buechhandler", in Strafe genommen, weil er Frauen mit unehrenhaften Anträgen zu nahe getreten war. —

Um nun wieder auf die Weiterbildung der internen Leipziger Verhältnisse zurückzukommen, habe ich an die vorher gemachte Bemerkung — daß Leipzig mit dem ersten Jahrzehnt des 16. Jahrhunderts die Keime der jetzt bestehenden Organisation des deutschen Buchhandels zu entwickeln begonnen habe — anzuknüpfen. Die Ausnutzung der Leipziger Messe hatte sich eben als Nothwendigkeit erwiesen, denn der ausgedehnte Wanderverkehr in der Bereisung der Jahrmärkte war zeitraubend und die Kräfte zersplitternd — Arnold Birckmann von Cöln erscheint z. B. noch im Jahre 1565 mit 8 Reisedienern auf der Frankfurter Messe —, und dabei auch kostspielig; für eine Meßreise dorthin liquidirt z. B. um das Jahr 1520 ein Leipziger Handlungsgehilfe 10 Gulden. Also waren es, neben der Verschiebung der Verkehrsverhältnisse überhaupt, wohl auch Ersparnißrücksichten, welche süd- und westdeutsche Großverleger dahin führten, sich in Leipzig stehende „Diener", Agenten, „Factoren" — in heutiger Ausdrucksweise Commissionäre — zu bestellen. Diese wiederum (selbständige Geschäftsleute und Bürger, zuweilen kaum von fachmäßigen Anwälten zu unterscheiden) nannten ihre Vollmachtgeber einfach: ihre Principale, „ihre Herren." Sie schlossen für letztere Geschäfte ab, nahmen für sie Gelder in Empfang, hatten vielleicht gar schon Vorräthe, förmliche Auslieferungslager für sie in Verwahrsam, von welchen sie für eigene Rechnung oder für die ihrer Committenten abgaben. Forderungen z. B., welche im Jahre 1522 Peter Clement und Blasius Salomon gegen Peter Hofer erhoben, sind — namentlich in Betracht der Gruppirung der Gläubiger — jedenfalls auf ihre Committenten zurückzuführen; und wenn im Jahre 1529 Wolf Präunlein von Augsburg Blasius Salomon auf Rechnungsablegung hin verklagt, welche Rechnungsablegung letzterer bis zur Michaelismesse zu verschieben bittet, „da er ettlicher masse mit kranckheit seynner synne befallen" und „krangsynnig" sei, so liegt hier schwerlich eine einfache Forderung für gewohnter Maßen auf ein halbes Jahr creditirte Bücherlieferungen zu Grunde. Ebenso deutet auf ein derartiges Verhältniß der Umstand hin, daß die alte Schuld Refe's von Groß-Glogau an die Koburger in Nürnberg im Jahre 1535 als eine solche an Franz Clement, den Sohn Peter Clement's, erscheint.

Zuerst tritt uns in dieser Beziehung nun im Jahre 1509 Johann Rynmann in Augsburg mit seinem Commissionär Peter Clement entgegen, wobei zu beachten ist, daß von Johann Rynmann stehende Commanditen in fernen Landen, wie von anderen Matadoren des Verlagsbuchhandels, bis jetzt noch nicht nachgewiesen sind. Wenn wir dann im Jahre 1512 Ludwig Horncken, den Associé Gottfried Hittorp's in Cöln und bisherigen Leiter der Pariser Commandite, das Bürgerrecht in Leipzig erwerben sehen, so ist dabei allerdings nicht einfach an eine beabsichtigte Ueberwachung der Filialen in Wittenberg und Prag zu denken; es knüpfen sich daran — wie sich noch zeigen wird — weit über das hier in Frage stehende Verhältniß hinausgehende Consequenzen. Dagegen erscheint vom Jahre 1516 ab Blasius Salomon als Diener und Commissionär Johann Rynmann's, dessen Reisediener er zweifellos früher gewesen sein dürfte; in dieser Eigenschaft hatte ihn wahrscheinlich Johann Froben in Basel, der ihn an Luther empfiehlt, kennen und schätzen zu lernen Gelegenheit gehabt. Mit seiner Wanderzeit hatte er entschieden nun abgeschlossen; im Jahre 1520 verkaufte er seinen wohl alt gewordenen Gaul an den Scharfrichter. Peter Clement tritt dagegen nunmehr als Commissionär, im Jahre 1526 ausdrücklich Factor genannt, der Koburger in Nürnberg auf; in dieser Eigenschaft verklagt er Christoph Ber wegen 60 Gulden. Er muß unbedingt ein Lager für seine Committenten gehabt haben, denn Anton Koburger der Jüngere schreibt um dieselbe Zeit, daß er nur ein Exemplar von dem bestellten griechischen Neuen Testamente besitze und dies lagere bei seinem „Institor" in Leipzig. Ob auch das Verhältniß zwischen Hans von Halle (in Leipzig) und Lorenz Wenzel in Nürnberg hier mit einzubeziehen ist, bleibt mir allerdings zweifelhaft.

Dieses äußerliche Erstarken des Leipziger Buchhandels muß nun aber auch auf weitere Kreise verlockend gewirkt haben: das Leipziger Großkapital tritt mit einem Male in die buchhändlerische Speculation ein und giebt durch diesen Eintritt später den Anstoß zur Ablösung von Sortimentsgeschäften vom Verlage!

Ludwig Horncken war, wie erwähnt, im Jahre 1512 von Cöln oder Paris nach Leipzig übergesiedelt, vielleicht zunächst nur um die Niederlagen in Wittenberg und Prag zu überwachen, — vorausgesetzt nämlich, daß dieselben schon bestanden. Er hatte eine Tochter des Rathsherrn Augustin Pautzschmann, welcher Waarenhandel, Weinschank und Gastwirthschaft betrieb, geheirathet und verschwägerte sich dadurch mit dem Kanzler Dr. Simon Pistoris, dem Bürgermeister Dr. Bartholomäus Abt und der angesehenen, ebenfalls zu den Rathsfreunden gehörigen Familie Wanne. Plötzlich entpuppt sich in den Acten vor unsern Augen eine großartige Verlags-Association, welche später Pantzschmann's Buchhandel firmirte und aus Gottfried Hittorp in Cöln, Ludwig Horncken und Augustin Pantzschmann in Leipzig und anscheinend noch andern ungenannten Gesellschaftern bestand. Ich möchte fast die Vermuthung wagen, daß Johann Rynmann in Augsburg zu diesen zu zählen sei; es scheint mir nämlich der Umstand darauf hinzudeuten, daß nach Horncken's Tode Rynmann's Schwiegersohn, Wolf Präunlein, die Leitung der Firma übernimmt und bis 1528 beibehält und daß dieses letzteren Privatgeschäfte nicht ohne Einfluß auf die Verhältnisse der Firma gewesen zu sein scheinen. Obschon die bibliographischen Annalen auch ganz und gar nichts über die Verlagsthätigkeit dieser Gesellschaft wissen — vielleicht sind die von Hittorp und Horncken von 1512 bis 1520 in Gemeinschaft verlegten, oder die Ludwig Horncken's Namen allein tragenden Folianten auf ihre Rechnung zu setzen — so nenne ich sie dennoch großartig, weil das in ihr arbeitende Kapital ein sehr bedeutendes gewesen sein muß. Denn als Ludwig Horncken im Jahre 1521 anscheinend kinderlos verstarb, versicherte er seiner Wittwe — sie heirathete später Georg Bucher oder Buchner, schließlich Dr. Johann Scheffel — für ihr Einbringen und gesetzmäßiges Erbe 1000 Gulden auf die Firma, und nachdem Gottfried Hittorp anscheinend ebenfalls bereits ausgetreten war, betrug das arbeitende Geschäfts-Kapital der Pantzschmanu'schen Familienglieder immer noch 7000 Gulden (etwa 100000 Mark).

Obschon nun der Hittorp-Horncken'sche Verlag einen ausgeprägt katholischen, überwiegend aber humanistischen Charakter trägt, fast ausschließlich aus schweren Folianten besteht, so scheinen doch die Verbindungen mit Wittenberg den Gesellschaftern — wenigstens den Leipzigern — den Gedanken eingegeben zu haben, sich energisch am Verlage der jetzt üppig in die Höhe wuchernden Klein-Literatur der beginnenden reformatorischen Bewegung zu betheiligen, sich auf diese gleichsam zu concentriren — ist doch auch später Horncken's Wittwe in die Untersuchungen gegen die evangelischen Bürger verwickelt — und sich des Sortimentsbetriebes gänzlich zu entäußern.

Sehr möglich ist es, daß der letztere bei Begründung der Wittenberger Filiale nicht zu dem ursprünglichen Plane gehörte; jedenfalls aber hatte die Nothwendigkeit einer möglichst kräftigen Förderung des Absatzes ihres Verlages die Theilhaber gezwungen, wenigstens mit den Wittenberger Buchführern zu changiren. Denn gegen Ende des Jahres 1518 verkauften sie die Bücher „so obgedachte geselschaft in 18. Jar vorgangen vmb Andere zu Wittenberg gehabt" ihrem bisherigen Diener Gregor Jordan für 475 Gulden auf Terminzahlungen, die sich auf sechs Jahre erstreckten. Von diesem Verkauf war der eigene Verlag — oder die gewichtigere Literatur? nämlich ihre „Regal-Bücher", d. h. die erwähnten Folianten — ausdrücklich ausgeschlossen. Jordan verblieb sogar gewissermaßen als Agent im Dienste der Gesellschaft und übernahm den Vertrieb der Verlagslager in Wittenberg und Prag „in befell vnd Commission vmb einen preis, darumb er sie der geselschafft zu gut sal vorkeuffen, was er sie aber tewrer geloset sal er ym behalten". So lange als er die Kauffsumme nicht voll bezahlt hat, muß er seinen gesammten Bedarf an Artikeln anderer Verleger ausschließlich durch Vermittelung von Pantzschmann's Buchhandel entnehmen, es sollen die Gesellschafter ihm diesen Bedarf aber auch „andern Buchfurern gleich wie gewonlich anschlahen vorkeuffen, vnd nicht tewrer geben", d. h. also zur später sogenannten Tax, dem Nettopreis, ohne Gewinn für sich selbst. „Wer es aber", heißt es weiter in dem Vertrage, „das er Bucher vormeint zuhaben, der er sich bey den vorkeuffern nicht konde erholen, so sal er die selbigenn mit yrem wissen vnnd willen bey andern Buchfurern zu Leipßk von welchen er sie vfs nechste zu bekommen weiß borgen oder mit gelde, da sie (sc. die Gesellschafter) ym dartzu geben werden vorgnngen. Vor sich selbst aber sal er sie nymandts anders wen den vorkeuffern bezalen noch schuldig sein oder bleiben, vf das sie seiner losung volkomliche Anwarter seyn, vnd er sich mit nymandt andern in eynichen handel gewerbe oder geselschafft begebe". Für das was er von dem Verlage der Gesellschaft an audere Buchführer absetze, werden ihm 1 Groschen vom Gulden, also nicht volle 5%, Provision mehr als andern Buchführern zugesichert; leider wird der übliche Rabattsatz selbst aber nicht angegeben. „Was auch vilgedachte vorkeuffer von Quattern werg" — darunter ist die Klein-Literatur verstanden — „werden drucken lassen, daruon sollen sy Gregorio 250 quatern duernn oder drittern wy sie dan gedruckt sein vor 1 Gulden, Lassen sie aber grosse bucher drucken der eyns vber ein gulden wert, So sollen sie ym diselbigen an eynem gulden zwier gr. mehr lassen dan einem frembden vf das er yren druck zu vertreiben" — man muß hier unwillkürlich an firmenlose Nachdrucksausgaben lutherischer Schriften denken — „dester mehr vleis hat, mit welchen er auch seins besten vermwgens der verkeuffer hinderstellige schult zu Wittenberg zugesagt hat eyntzumanen, Nachdem auch Martha Schmidhoferin dem Gregorio pragische Rubricam zu prage in commission vmb einen Preis geben, vnd dartzu das er 17 fl. vom Hundert haben sal, So ist derhalben vorwilligt beredt vnd zugesagt, was aus derselbigen Rubricam vber eingesatzten preis gelöset wirdt desgleichen auch so vil 17 fl. geburen werdenn nach außweißung volstendiger Rechnunge, die derhalben alle halb Jar sal gescheen, das daßelbige alles zw gleichen gewyn vnnd verlust sal in zwei teil geteilt werden, vnd eyns daruon gemelten vorkauffern vnd das ander gregorio zustehen, So sal auch furlon vncost vnnd ferlikeit ydes teil dy helffte vnd geselliglicher weyse tragen vnnd gewarten, Welchs also nach diesem kunftigen newen Jarsmarktt ym 19. sal anfahen."

Ich habe den Inhalt dieses Vertrages um deswillen hier so ausführlich wiedergegeben, weil uns aus ihm die früheste historische Begründung für so manche buchhändlerische Usance des 16. Jahrhunderts entgegentritt, unter anderm der Nachweis, daß schon seit dem Beginn desselben die Klein-Litcratur — die später sogenannten Riessachen — nach dem Ballenpreis, d. i. nach der Zahl der Bogen, verrechnet wurde, nur größere Bücher mit Einzelpreisen angesetzt wurden; daß übrigens unter Quaternen, Duernen, Triternen hier Octav-, Quart- und Duodez-Bogen zu verstehen sind, ist augenscheinlich. Es ergiebt sich aber ferner daraus, daß die Verkaufspreise an das Publikum willkürliche waren. Die Gregor Jordan zugestandene Extraprovision von 5% — für den neuen Verlag von 10% — beim Verkauf an andere Buchführer läßt aber zugleich erkennen, daß die größeren Verleger nicht mit allen Buchführern in Verbindung standen, daß es vielmehr die Bestimmung derartiger Groß-Sortimente an Verkehrs-Centren und an den zufälligen Wohnsitzen wahrscheinlich weit umherwandernder Buchführer war, gleich den Leipziger Commissionären — wie Clement und Salomon — kleinere Buchführer zu versorgen. Das tritt uns nicht allein hier, das tritt uns auch aus den Fragmenten buchhändlerischer Geschäftspapiere aus den Jahren 1523 bis 1530, die ich im 8. Bande des Archivs für Geschichte des Deutschen Buchhandels bearbeitet habe, für Augsburg in Bezug auf Wolf Präunlein und Hans Herfart entgegen, — das scheint mir die Höhe der Beträge zu erklären, mit welcher der Buchhändler Johann Rese in dem doch nur unbedeutenden Groß-Glogau im Jahre 1519 seinen Gläubigern verhaftet war: den Koburgern in Nürnberg mit 178 fl. Johann Rynmann in Augsburg mit 171 fl., Melchior Lotter in Leipzig mit 135 fl., — und ebenfalls die Höhe der Schuld des Apothekers und Buchführers Paul Ehrlich in Jüterbock im Jahre 1530 an Wolf Präunlein in Augsburg mit 65 fl., an Pantzschmann's Erben mit 138 fl.

Anschließend hieran will ich noch bemerken, daß auch Melchior Lotter sein Sortimentsgeschäft, zugleich mit seinem Hause in der Ritterstraße, im Jahre 1524 an Lorenz Fischer verkauft zu haben scheint; wenigstens scheint mir die besondere Form der Erwähnung etwas derartiges anzudeuten. In einer späteren Zeugenaussage über die Grenzverhältnisse des gedachten Grundstückes wird nämlich gesagt: Lotter habe es „seim Buchfurer Fischer genant, der ethwan sein Diener gewest" käuflich überlassen.

Der eigentliche Geschäftsleiter der großen Pantzschmann'schen Association scheint nun übrigens Ludwig Horncken gewesen zu sein; nach seinem Tode trat im Jahre 1522 jedenfalls Wolf Präunlein „der Pantzschmannin Diener", aber anscheinend mit einer wenigstens einjährigen Pause an seine Stelle. Scheint dies zwar, wie schon gesagt, auch eine Verbindung mit Johann Rynmann in Augsburg anzudeuten, so kann doch Präunlein's Leitung der Blüthe des Geschäftes kaum förderlich gewesen sein. Er verwickelte sich, und vielleicht auch Pantzschmann's Buchhandel, in Zinnspeculationen, welche möglicherweise schon viel früher, vor dem Jahre 1516, von Johann Rynmann (Characterum venetorum opifex) zum Behufe seiner Schriftgießerei begonnen worden waren. Denn Blasius Salomon wird im Jahre 1524 von der Wittwe Pantzschmann wegen 1000 Gulden, von Andreas Wanne wegen 80 Gulden verklagt; der erstgenannte Schuldposten kann aber wohl kaum aus Propre-Geschäften Salomon's erwachsen sein. Gleichzeitig werden Jacob Thanner und der Buchführer Hermann von Cöln im Jahre 1525 wegen einer Bürgschaft für Präunlein gegenüber Martin Buffler in Höhe von 500 Gulden in Anspruch genommen. Die Klage gegen Blasius Salomon wurde „ans Haus" genommen, also wohl in Güte vor dem Rathe beigelegt, Jacob Thanner aber mußte zweimal auf längere Zeit in Schuldhaft wandern und wurde anscheinend völlig ruinirt, Hermann von Cöln aber finanziell schwer geschädigt.

Die sich hier möglicher Weise andeutende, allerdings nicht aus dem buchhändlerischen Theil der Pantzschmann'schen Geschäftsthätigkeit erwachsene Erschütterung gab wohl Veranlassung, daß die Association — Gottfried Hittorp gehörte ihr noch an — sich im Jahre 1524 der Verlagsniederlagen in Wittenberg und Prag gänzlich entledigte. Gregor Jordan übernahm die dort lagernden Verlagsvorräthe für 1300 Gulden auf Terminzahlungen von 100 Gulden in jeder Oster- und Michaelismesse und von 100 Gulden in der erstfolgenden Neujahrsmesse. Seinen bis dahin erwachsenen Verpflichtungen mußte er also wohl pünktlich nachgekommen sein. Bezeichnend für die finanzielle Situation von Pantzschmann's Buchhandel ist es wohl, wenn es in dem Kaufvertrage heißt: „Es ist ouch beredt vnd angenommen das Gregorius Jordan den gewelbe czins czu Prage vnd knechtlhon, sampt aller vnkost beczalen sol In summa ane alle entgeltnus 1300 fl. vor die Bucher vnd schult geben Auch sol er nicht zu fordern haben den halben gewin von der Pregischen Rubriken die bis anher vorkaufft seyn so ym vorhyn durch die Smidhofferyn gegont war". Die Verkäufer wälzen also nicht allein nachträglich Spesen von ihren Schultern ab, sondern ziehen auch noch einen Gregor Jordan contractlich zustehenden Gewinnantheil an sich. Im übrigen kann die Firma Pantzschmann's Buchhandel in Leipzig noch, wie bereits angedeutet, bis in den Anfang der dreißiger Jahre verfolgt werden.

Aber diese sich äußerlich so schön und rasch entwickelnde Blüthe des Leipziger Buchhandels barg, wie aus dem zuletzt Gesagten schon hindurchblickt, einen nagenden Wurm in ihrem innersten Kern. Es war dies das ganz allgemein für Leipzig charakteristische Eintreten in Geschäfte und Unternehmungen mit nicht ausreichenden, meist nur mäßigen Mitteln, das Ueberspannen des persönlichen Credits, die Möglichkeit, sich auch bei notorischer Ueberschuldung noch lange äußerlich zu halten. Es tritt dies bei einer zusammenhängenden Durchsicht der Raths-, Schöppen- und Gerichtsbücher grell hervor; die Creditwesen sind zum Theil sehr bedeutend, man begreift nicht, wie die Gläubiger die Schuldposten zu einer solchen Höhe haben ansteigen lassen können. Grundbesitz und Geschäfte werden mit unverhältnißmäßig niedrigen Anzahlungen auf langausgedehnte Terminzahlungen hin übernommen, erst aus dem erhofften Erwerb, aus dem erstrebten Gewinn soll die Abtragung der Schuld erwachsen; fast alle Grundstücke erscheinen stark mit Hypotheken belastet. Nur zwei Beispiele aus den uns näher interessirenden Geschäftsbranchen. An seinem auf gegen 1000 Gulden bewertheten Grundstück besitzt Nickel Wolrabe der Aeltere schließlich nur noch 30 Gulden zu eigen; er und sein gleichnamiger Sohn, sowie Hieronymus Jordan, bereits notorische Habenichtse, bürgen später geruhsam für Hunderte und Tausende von Gulden und im Jahre 1548 tritt der Buchführer Wolf Günther — aus der Schwindlerschule Nickel Wolrabe des Jüngeren hervorgegangen — die gesammte Hinterlassenschaft Peter Schürer's, auf 3200 Gulden Activmasse berechnet, mit allen Activen und Passiven an: Haus und Hof, Buchhandlung und Hausgeräth, Schulden und Außenstände, selbst die Wittwe zur Ehe; aber nicht einen rothen Heller zahlt er an. Alles, auch die Erbtheile der Schürer'schen Kinder und die Schulden, ist erst aus dem zu erwartenden Geschäftsertrage zu bezahlen!

Jede Hemmung oder Störung in der ruhigen Weiterentwickelung und in der Gesundung dieser geheimen Schäden des Leipziger Buchhandels mußte also seine einzelnen Glieder gefährden, konnte für die bereits errungene Stellung der Leipziger Büchermesse verhängnißvoll werden. Leipzig, in nächster Nähe des geistigen Centrums der sich lawinenartig ausbreitenden reformatorischen Bewegung gelegen, war prädestinirt mit seiner Büchermesse auch den Mittelpunkt des durch diese Bewegung hochanschwellenden literarischen Verkehrs zu bilden, in kurzer Zeitspanne den mehr internationalen Büchermarkt Frankfurt a. M. als specifisch deutscher zu überflügeln.

Es sollte nicht sein! Die verhängnißvolle Störung kam in der Haltung, welche Herzog Georg der Bärtige der Reformation gegenüber einnahm.

Natürlich trat diese ungünstige Einwirkung nicht sofort mit den ersten Anfängen der Bewegung selbst hervor; es geschah dies selbst dann noch nicht, als bereits die oberste katholische Kirchengewalt entschieden verdammend gegen Luther aufgetreten war. Die Kirche hatte sich zwar bereits unter den doch nur beschränkten literarischen Verkehrsverhältnissen des Mittelalters ein Censurrecht nicht nur über die Lehrmeinungen, sondern auch ein solches für die geschriebenen Bücher zu vindiciren gewußt, bez. zu vindiciren gesucht, — bald genug nach Verbreitung der Buchdruckerkunst waren in Deutschland auch die Erzbischöfe von Cöln und Mainz mit Censurmandaten für ihre Erzdiöcesen hervorgetreten, Alexander VI. und Leo X. hatten dieselben sogar durch päpstliche Bullen generalisirt. Aber bisher hatten noch stets die bürgerlichen Behörden, wenn auch nicht in directer Opposition, so doch stillschweigend, diesen kirchlichen Verordnungen die unentbehrliche Hülfe des weltlichen Armes versagt. Die Verordnungen waren leere, wirkungslose Worte geblieben; der vor dem Forum der geistlichen Gerichtsbarkeit geführte Kampf der Cölner Dunkelmänner gegen Johann Reuchlin war z. B. erfolglos verlaufen. Selbst der der katholischen Kirche so treu ergeben bleibende Herzog Georg war nicht gemeint, der kirchlichen Obrigkeit Uebergriffe auf das weltliche Rechtsgebiet zu gestatten; als Johann Eck gegen Ende des Jahres 1520 es versuchte, die päpstliche Bulle gegen Luther und dessen Schriften mit Umgehung des Instanzenzuges und mit Ueberschreitung seines nur auf die Bischofssitze Brandenburg, Meißen und Magdeburg beschränkten Mandates durch Vermittelung der Universität in Leipzig anschlagen zu lassen, wurde dies von Herzog Georg sehr mißfällig vermerkt, so daß Bischof Adolph von Merseburg, welcher auf Grund jener Bulle Luthers Schriften bereits am 23. Januar 1521 in Merseburg mit möglichster Heimlichkeit hatte verbrennen lassen, es für gerathen fand, sich erst bei dem Kanzler Kochel Verhaltungsmaßregeln für sein Vorgehen in Leipzig einzuholen und am 17. Januar um Anweisung an die Räthe zu Leipzig, Pegau und andern Orten zu bitten, daß den Anordnungen der Bulle nachgekommen werde, zumal „noch teglich allerlay puchlin vnd schriefft martini Lotters gein leipzk gepracht vnd verkaufft" würden. Wenn dagegen Herzog Georg am 9. Januar 1521 von Frankfurt a. M. aus Befehl gab, den Buchdrucker Valentin Schumann, welcher den am Neujahrstage an der Kanzel der Thomaskirche angeschlagen gewesenen Fehde- und Spottbrief gegen Hieronymus Emser in 1500 Exemplaren gedruckt hatte, gefänglich einzuziehen und in gebührende Strafe zu nehmen, so lag darin keine Inconsequenz: Herzog Georg faßte dies Vorgehen eben als strafwürdigen bürgerlichen Unfug auf, um so mehr „Die weil die Bosheid off Sant Annenberg von Ihne auch geobet."

Erst nachdem mit dem fälschlich vom 8. Mai datirten Wormser Edict von 1521 die Reichsgewalt Stellung zu der kirchlichen Frage genommen, nachdem man sich aus dem römisch-rechtlichen Begriff des Libells — des Pasquills, der Schmäh-, Läster- und Famosschrift — eine juristische, in der Hand der Machthaber natürlich bedenkliche und dabei zweischneidige Handhabe gegen die Ausschreitungen, namentlich die angeblichen, der Presse zurechtgestutzt hatte, die bürgerliche Gewalt nunmehr der kirchlichen ihren Arm lieh oder anscheinend erst leihen konnte, entschied sich auch für Herzog Georg die nicht nur in kirchlicher, sondern auch in preßpolizeilicher Hinsicht einzunehmende Haltung. Für ihn, den kaisertreuen, katholischen Reichsfürsten war nunmehr jedes Schwanken, jede Nachsicht vorüber, für ihn wurde fortan die Unterdrückung der reformatorischen Lehren, die Verfolgung der sie verbreitenden Schriften als Libelle gegen Kirche und Reich, als Famosschriften, eine gebieterische Herrscherpflicht. Der Publication des Wormser Edicts folgte am 10. Februar 1522 Herzog Georgs eigenes, von Nürnberg aus erlassenes Mandat gegen Luther, seine Schriften, gegen ausgelaufene Mönche, Suppeessen vor dem Abendmahlsgenuß und gegen den Besuch von durch Ketzerei inficirten Universitäten. Und es war ihm Ernst damit. Johann Grunenberger von Wittenberg hatte in der Michaelismesse 1521 eine anrüchige Schrift durch den Hausirer Peter Hesseler von Michelda und dessen Frau colportiren lassen; auf alle drei mußte der Leipziger Rath in der Ostermesse 1522 fahnden, da Herzog Georgs Beschwerden bei dem Kurfürsten Friedrich erfolglos geblieben waren. Am 7. November 1522 folgte sein Mandat gegen Luther's Uebersetzung des Neuen Testaments: bis Weihnachten sollten alle Exemplare im Lande an die Amtleute eingeliefert werden. Aber in landesväterlicher Milde gegen seine, seiner Meinung nach bethörten Unterthanen — ganz ebenso, wie auch anderwärts bei den ersten Preßverboten, z. B. in Nürnberg und Frankfurt a. M. verfahren wurde — verhieß er den Folgsamen, gleichwie auch noch bei späteren ähnlichen Gelegenheiten, Erstattung des bezahlten Preises. Trotzdem hatte das Mandat so gut wie gar keinen Erfolg: in 8 Exemplaren und in einigen wenigen kleineren Schriften Luthers bestand der ganze Ertrag, ungeachtet die beiden Wittenberger Folio-Ausgaben, abgesehen von den viel handlicheren Nürnberger und sonstigen Nachdrucksausgaben in Octav, durch das ganze Land colportirt worden waren.

Aber ebenso schwankend oder indifferent, wie sich bisher die Reichsstände, abgesehen vielleicht von Bayern und den österreichischen Erblanden, verhalten hatten, verhielten sich auch zunächst noch die in erster Linie durch die neugeschaffenen Verhältnisse getroffenen Buchdrucker und Buchführer. Sie hatten bisher, ohne sich um den Inhalt viel zu kümmern, die Streitschriften, pro und contra, als eine gesuchte und reichlichen Verdienst verheißende Waare gedruckt und vertrieben. Daß das Reich für sie und ihr Gewerbe ein neues Delict, das Preßvergehen, geschaffen hatte, — daß heute ein strafbares Vergehen sein sollte, was gestern noch eine erlaubte Handlung war, je nachdem vielleicht ihre specielle Obrigkeit in den eigenen Anschauungen wechselte oder beeinflußt wurde, oder je nachdem in den höheren Regionen der Wind wehte, — das wollte den Buchdruckern und Buchführern noch auf lange Zeit hin nicht einleuchten; sie kannten eben zunächst keine charaktervolle Parteinahme. Das, wonach starke Nachfrage war, das, was ihnen guten und sicheren Verdienst brachte, zu vertreiben, hielten sie für ihr unanfechtbares Recht und betrachteten bis weit in das 17. Jahrhundert hinein alle Preßverordnungen als schnell wieder in Vergessenheit gerathende Schreckschüsse der Obrigkeit; wurden sie wirklich zur Verantwortung gezogen, dann wurde „erbärmlich geklaget" und die Milde der Behörden angefleht. Recht charakteristisch und zutreffend schildert Johann Eberlin von Günzburg das Treiben des Buchhandels speciell mit der Reformations-

Literatur in seiner im Jahre 1524 bei Jacob Stöckel in Eilenburg gedruckten Schrift: „Mich wundert das kein gelt ihm land ist. Ein schimpflich doch vnschedlich gespręch dreyer Landpfarer, ober yetz gemelten tyttel" in dem besonderen Kapitel „Von Buchtruckern Buchfurern vnd schreibern."

„Es ist die gantz welt auff keuffen vnn verkeuffen gericht, darzu doch weder trew noch glaub gehalten wirt. vnd wie erber die kauffleuth seint, darff man nit lernen auß alten historien der iuden oder heiden, man sehe an das exempel deren die ytz auch die geschrifft feil bieten vnn tragen (d. i. hausiren). Sihe zu, wie vnbedacht fallen die Drucker auff die bücher oder exemplar (d. i. Manuskripte), vngeacht ob ein ding böß oder gut sey, gut oder besser, zimlich oder ergerlich, sie nemen an schantbücher, bulbucher, ihufflieder, vnn was fur die hand kompt vnd scheinet zutreglich dem seckel, dardurch deren leser gelt geraubt wirdt, die syn vnd hertzen verwust, vnd vil zeit verloren, also werden sie vntzelicher sund teilhafftig, darumb selten gluck darein schlecht (schlägt), was einer .r. jar erkratzt, das furt der teuffel off einmal hin. Itzt sein sie gefallen auff die Lutherische buchlein, auff heilige geschriefft, auch allein vmb genieß, aber got wirt nit lang lachen dartzu. wie wenig gott eins gewinßpredigers verschont, also wenig wirt er der gewinßdrucker verschonen..... Solich leuth geben sich fur in reden, schreiben, vnd handlung, als weren sie freund gottis worts, vnn thon solichs vmb Christi ehr willen, vnn ist nichts darhinder, sie sein mehr veind des creuts Christi, stellen nach ehr vnnd gut, nach grossem pracht in diser welt, gantz widerig dem creutz Christi, als man sihet an der Trucker herren weybern, kinden, vnn haußrath. Ja zu letzt fallen sie gar daruon, vnn wan der euangelisch handel ynen nit wil mehr gelten, so fallen sie so vast auff den Pabstischen als kein Papist, darauß volgt yr vordamniß, der bauch ist yr got, sie suchen gelt vnn gut durch gottis wort, das mag got nit leiden, sonder er vorhengt das solch leuth von yrs geitz wegen yrrgehn vom glauben, vnnd mengen sich vnder viel schmertzen, törichte schedliche lüste vnd dan zu schyrm yres abfals sprechen sie. Dieweil so grosser zangk sey zwischen predigern, wöllen sie beyde partheyen lesen, trucken vnd vorkeuffen biß zu einem außtrag der sache vnn also handlen sie wider yr eygen herren, so mit yrrung der gewissen, aber eigner nutz sie treibt hyn vnd her, darumb wirt zu letzt yr ehr zu schanden, dan sie sein nit nach Christo, aber yrdisch gesinnet. Ach got man sihet wol zu vnsern tagen, wie grosse schand yne vnn dem

Euangelio erwachsset durch solich lose, öde handlung. Auch gebrauchen die Trucker böß papyr, böse litera, haben kein acht obß wol corrigirt sey oder nit, kurtz allein wer es verkeufft, es wer gut oder böß, so seint sie zufriden, vnn also wo sie nutz suchen, finden sie schaden, dan sie machen dz man vngern keufft yr ding vnd verligt ynen die wahre. Ich lobe ein Trucker der außgelesne materien truckt, wol corrigirt, mit hubschen litera auff gut papyr. Solich leuth haben lob vnd nutz daruon, als man wol ytz eßlich Truckerherren findet hyn vnn her im land, wiewol yrer wenig ist. Ich kaufft vnn leß auch offt ein buchlein, wan ich aber so nerrisch, bübisch tittel darauff sihe, als bundtsgnossen, Schweytzer pauren, Fuchs vnn wolff, Zygeuner, Turck vnd Vnger, Nachtgal, Rittersporn, Badenfart, Schelmenzunfft, Narren beschwerung, Geuchmeyd, Babstgrub, Wolffgeschrey, Klocher thurn, Luthers feldschlacht, Karsthans, Flegelhans etc. Wartzu dienen solch tittel? allein zu leichtfertigkeit, zu anzeigen das sich der teuffel furtregt, auch vnder heilgen worten, Solche lose tittel vnn formen haben wir vorhin gescholten an Papisten, ytzt nehmen wir vns des auch an vnd beschmeissen gottis wort damit, zu schaden der synn." Auch die Brief- oder Teufelmaler und Kartenmacher bekommen später noch ihr Theil.

Die Leipziger Buchführer und Buchdrucker waren nicht besser als ihre Genossen im Reich, sie könnten zu obiger Schilderung Modell gestanden haben. Sie druckten und vertrieben eben auch, so lange es ohne unmittelbare Gefahr anging, was ihnen Verdienst brachte, sei es für oder gegen die neue Lehre und empfanden schmerzlich genug den Ausfall bei dem Vertriebe der Schriften der ersten Richtung, als die behördliche Aufsicht sich verschärfte. Von welcher Bedeutung dieser Ausfall sein mochte, kann man ungefähr daraus schließen, daß im Jahr 1524 Blasius Salomon allein 141 Gulden an Christian Döring in Wittenberg schuldete. Aber man ließ seit dem Jahre 1522 eine dringend gebotene Vorsicht obwalten: man druckte die der reformatorischen Bewegung günstigen Schriften auswärts, wie Melchior Lotter in seiner neuerrichteten Druckerei in Wittenberg, oder wie Wolfgang Stöckel, der äußerlich den Anhänger der alten Lehre spielte, in Eilenburg. Stöckel druckte z. B. hier im Jahre 1522 ein Lied für den Magdeburger Buchführer Nickel Apfelstädt — die ganze Auflage wurde aber nach Magdeburg gebracht —, ein anderes für den Leipziger Bentler Leonhard Abenburger, andere Schriften im Jahre 1524 unter den Namen Nicklas Albrechts, seines eigenen Sohnes Jacob und Nickel Widemar's. Letzterer war vermuthlich einer von Stöckel's Gesellen; Stöckel wurde wenigstens Widemar's Bürge für die Bezahlung des von Hermann Krafft von Nürnberg entnommenen Papiers — für ganze 6 Gulden!

Je höher jedoch die Wogen der Bewegung anstiegen und die Strenge Herzog Georg's sich verschärfte, um so mehr wurden nun doch die Buchdrucker und Buchführer zu männlicherer Stellungnahme gegenüber den Tagesfragen gedrängt. Die Petition der 104 Leipziger Bürger vom Jahre 1524 um Anrichtung eines evangelischen Gottesdienstes in Leipzig unterschrieben: Georg Buchner (als Ehemann der Wittwe Ludwig Horncken's einer der Theilhaber von Pantzschmann's Buchhandel), Melchior Lotter — der aber später in den Untersuchungen der Jahre 1532 und 1533 leider etwas den Mantelträger spielte — sammt seinem Sohne Aegidius, Jacob Stöckel, Peter Clement der Buchbinder und Koburger'sche Factor oder Commissionär, Peter Clement der Jüngere und die beiden Buchdrucker Nickel Schmidt und Michel Blum. Valentin Schumann, der Verleger der Schriften des Petrus Sylvius, blieb wie Wolfgang Stöckel der alten Lehre dienstbar; Jacob Thanner wird nicht erwähnt, Martin Landsberg aber war schon im Jahre vorher verstorben. Außerdem gehört noch zu den Unterzeichnern Liborius Ditmar, den Seidemann als früheren Buchführer erwähnt. Die ihn betreffenden Einträge in die Raths- und Schöppenbücher sind mir aber nicht klar genug gewesen, um seine Einreihung in die Zahl der Leipziger Buchführer vollauf zu rechtfertigen.

Die Antwort Herzog Georg's auf diesen Schritt war für den Bücherverkehr Leipzigs nur eine neue Verschärfung der schon eingetretenen Hemmung: eine entschiedene Hinweisung auf die Reichsverordnungen und auf das frühere herzogliche Mandat, sowie die Anweisung an den Rath, daß „sunderlich of die Jhenen die die vorfurerischen, vnd laster schrieffte aber Bucher, heymlich aber offentlich, aufgehen lassen aber seyl habenn, gut achtunge gegeben werde, sie in straff zunhemen vnd zuenthaltenn" (d. i. gefangen zu setzen). Ob der Rath dagegen Vorstellungen erhob — der Bürgermeister Morch und der Rathsherr Martin Buffler waren wenigstens deshalb in Dresden gewesen — mag dahingestellt bleiben. Er mußte die Verfügung den Buchdruckern und Buchführern eröffnen; ihre Klagen und Vorstellungen, daß der Leipziger Buchhandel dadurch ruinirt werden müsse, verhallten unberücksichtigt, ebenso unberücksichtigt, wie später die Vorstellungen des Rathes bei Gelegenheit der Austreibung der evangelischen Bürger im Jahre 1533.

Bei Herzog Georg trat gegenüber seinen religiösen Ueberzeugungen jede Rücksichtnahme auf das leibliche Wohl seiner Unterthanen und die Blüthe einer Handels- und Meßstadt, wie Leipzig, in den Hintergrund.

Bald aber überspülten die Wogen der Bewegung auch das sociale Gebiet. Die Bauern- und Wiedertäufer-Unruhen mußten naturgemäß Herzog Georg's Energie und Strenge noch weiter aufstacheln, die so wie so schon sehr gedrückte Lage des Buchhandels in Leipzig mußte also nur noch weiter verschlimmert werden. Zwar ergeben die noch vorhandenen Acten keine directen Nachweise über etwaige Maßregelungen des Preßgewerbes in dieser Zeit; in der Untersuchung über den Versuch, Leipzig den aufständischen Bauern in die Hände zu spielen, erscheinen nur ein Buchbinder und ein Clausurmacher als implicirt, in der gegen Johann Herrgott nur zwei Studenten. Aber der Umstand, daß der Buchdrucker Michel Blum um die Wende des Jahres 1526 in strenger Haft saß — er starb auch 1527 anscheinend an den Folgen der erduldeten Leiden — weist doch deutlich darauf hin, daß ein Gewitter unter die Preßsünder eingeschlagen hatte, und wenn am Schlusse der Stadtkassenrechnung des Jahres 1526 sich die Nachricht eingetragen findet, daß „dye Buchdrucker vnd fuhrer" hundert Gulden in das Reiche Almosen gestiftet hätten, so scheint mir diese Stiftung unter den obwaltenden Verhältnissen und bei der von ihnen im Jahre 1524 behaupteten, thatsächlich auch — wie wir noch sehen werden — vorhandenen finanziellen Nothlage kaum den Charakter der Freiwilligkeit zu tragen, eher eine ihnen insgesammt auferlegte Buße anzudeuten.

Die Lage des Buchhandels wurde aber noch dadurch trostloser gestaltet, daß der Rath der Stadt jetzt mehr und mehr anfing auf die Intentionen des Herzogs einzugehen; hatte er bisher nur ausdrücklichen Anordnungen von Dresden aus Folge gegeben, so ließ er fortan — z. B. wiederholt im Jahre 1528, sowie im Jahre 1533 — selbständig Revisionen der Buchläden vornehmen, die vorhandenen Vorräthe durch zwei Geistliche, durch Richter und Schöppen prüfen und Verzeichnisse der als anstößig befundenen Bücher nach Dresden gelangen. Ja, das Gewölbe von Bartel Vogel, Moritz Goltz und Christoph Schramm von Wittenberg wurde im Jahre 1528 bis auf weiteren Befehl von Dresden geschlossen, der Transport ihrer Vorräthe auf die Frankfurter Messe bis dahin untersagt. Die Wittenberger hatten sich damit zu entschuldigen gesucht, daß derartige böse Bücher ja auch von den Leipziger Buchdruckern und Buchführern gedruckt und öffentlich feil gehalten würden. Diese Ausrede trug den Leipzigern — es waren zehn Buchführer und fünf Buchdrucker (Michel Blum's Wittwe wird nicht genannt) — eine strenge Vernehmung ein, bei der sie jene bedenkliche Behauptung „vff yre pflicht, vnd mit handgebenden trewen" in Abrede stellten. Der Rath fand denn auch die sonst doch unverbesserlichen Sünder unschuldig, oder wollte sie wenigstens unschuldig finden. Auch eine im Jahre 1533 bei den Buchführern vorgenommene Aussuchung nach lutherischen Büchern ergab officiell nicht mehr „dann zwey kleine kinder büchlin".

Allerdings hatte die geübte Strenge den freien und offenen Verkehr wohl eingeschüchtert und gelähmt. Sagt doch das öffentlich angeschlagene Mandat vom 29. October 1529 gegen eine Schrift der sogenannten Sacramentirer (Schmähname der Anhänger Zwingli's) selbst, daß „deshalb ein zeit here in vnsern Fürstenthumben zimliche guthe ruhe gewesen"; es mahnt aber doch noch besonders, dafür Sorge zu tragen, „das die ketzerischen vnd dergleichen büchlein so bo mit aber one nahmen vnn stelle, wo sie gedruckt außgehen bey euch nicht vmgetragen, vorkaufft, noch sonst vnder die leuthe bracht" würden. So mußte denn auch der lebhafte Hausirverkehr mit der Flugschriften-Literatur vernichtet werden, so mußten wohl die sonst von Hausirern umlagerten Eingänge der Collegien und Bursen veröden, die Weiber und fliegenden Buchhändler, welche in und außer den Messen an den Kirchthüren, vor dem Rathhause, auf Straßen und Plätzen neue Zeitungen und Flugschriften mit großem Geschrei ausgeboten hatten, verschwinden. Und in der That wagte z. B. die Jacob Ebin von Wittenberg, „so bo bucher vmbtregt", erst im Jahre 1542 ihre von sechzehn Jahren her datirenden Außenstände in Leipzig einzutreiben.

Aber ganz ließen sich die Buchhändler doch nicht abschrecken; ihr erfinderischer Geist wußte sich zu helfen. Die verpönten Schriften wurden mit falschen Titeln versehen oder mit unverdächtigen zusammengeheftet — Gustav Freytag giebt uns von diesem Treiben in seinem Marcus König in der Person des Buchführers Hannus ein anschauliches und dabei urkundlich treues Bild — und heimlich, sowie gegenüber Vertrauten wurde der gefährliche Vertrieb dennoch fortgesetzt. So berichtet auch der treue Verfechter der katholischen Sache in Leipzig, Hieronymus Walther, im Verfolg der Nachricht über die erwähnte Aussuchung vom Jahre 1533 an Herzog Georg: „Also kam nächten einer zw mir, vnd pracht mir die drey bücher, so ich E. f. Gn. hiemit Schick,

Sagt mir so ich der für vil gülden haben, er wolt mir die so bald Schicken. Das saugbüchlin hette er bey plumen (Michel Blum) gekawfft, welcher die auch alle gedruckt, wie E. f. Gn. hinden au den büchlin zw vermercken hat. Den psalter vnd Sumarien, sagt er hette bey Hans Francken gekawfft (— derselbe ist mir nicht als Buchführer vorgekommen —), So hette die der hawenschilt (Nickel Hauenschild) auch alle veil, Sy lassen die aber nicht Jederman sechen. Ich Schick auch E. f. Gn. darneben ein gemäld das hett er auch bey dem plumen gekawfft. Meins achtens, wan die Römer vorzeitten, do sie noch abgötter waren, dergeleichen bey einem geffonden sy hetten Ime das Land darumb verbotten."

Wenn daher die Buchdrucker und Buchführer bereits im Jahre 1524, wie schon erwähnt, durch den Mund ihres damaligen Wortführers Wolfgang Stöckel vorstellten, daß diese neugeschaffenen Verhältnisse für den aufblühenden Leipziger Buchhandel, für die sich emporarbeitende Leipziger Büchermesse verhängnißvoll werden könnten, so ist dies mehr als erklärlich. Sie behaupteten, daß ihr Handel ganz darnieder liege, daß sie zu Grunde gerichtet werden würden, falls „sie nichts nawes, das zu Wittenberg oder sust gemacht, alhir drugken vnd vorkauffen dörffen. Dann welchs man gerne koufft, vnd darnach die frage ist, mussen sie nit haben noch vorkauffen, was sie aber mit großen houffen bey sich liegen haben — die katholische Literatur: die Schriften von Dungersheim, Emser, Cochläus, Sylvius ꝛc. — dasselbig begert nymaudts, vnd wenn sie es auch vmbsust geben wolten." Zwar, sagen sie, gehorchten sie den herzoglichen Befehlen; aber angebliche Fremde druckten die beanstandeten Schriften zu Wittenberg, Zwickau, Grimma, Eilenburg, Jena oder sonst wo in der Nähe, schöben sie heimlich unter die Leute und entzögen ihnen so nur den „Genieß". Von den Druckern, Setzern und anderen Arbeitern, „dero sich vile dieses Handels bißhere alhir ernehret", wären schon jetzt manche genöthigt als Tagelöhner zu arbeiten „vndt wirdet also der Buchhandel dadurch gar von hynnen gewandt."

Aber entgegen den sonst bei derartigen kläglichen Vorstellungen und Behauptungen üblichen Übertreibungen, waren diese Angaben ausnahmsweise einmal durchweg wahr! Schrittweise läßt sich ein Sinken des Leipziger Buchhandels — ich fasse hier und in meiner ganzen Darstellung den gesammten Geschäftsgang im Allgemeinen ins Auge, nicht etwa allein die meist nur einseitig betrachtete Druck- und Verlagsthätigkeit — und die langsam fortschreitende Verarmung seiner Glieder verfolgen. Wollte man auch auf den Umstand, daß unter den Steuerrestanten der zwanziger Jahre gerade die Buchführer mit einem sehr hohen Procentsatz auftreten, — 1524 Wolfgang Stöckel 4 Schock 24 gr. schuldend, Benedict Roskopff, Hermann von Cöln, Blasius Salomon, Hans Kelbel, 1526 letztere vier und der erst im Jahre 1527 das Bürgerrecht erwerbende Georg Pfennig — keinen Ausschlag gebenden Werth legen, so bestätigen doch andere urkundliche Nachweise den sinkenden Wohlstand nicht nur der Genannten, sondern auch der meisten ihrer Geschäftsgenossen.

Der Grundbesitz der Buchführer und Buchdrucker erscheint in starkem Fluß. Größere Grundstücke werden von den Besitzern verkauft, nur kleinere wieder angekauft: die Eigenthümer zehren also vom Kapital. Schulden werden auswärts gemacht, weil der Credit in Leipzig selbst wohl zu versiegen begann, Klagen und Bekummerungen mehren sich in bedenklicher Weise. Kunz Kachelofen, der fünfzig Jahre in angesehener und behäbiger Stellung dagestanden hatte, constatirt bei der Ordnung seiner Familienverhältnisse im Jahre 1527 mit dürren Worten den Rückgang seines Wohlstandes. Er muß sich den Ehemännern seiner beiden Töchter erster Ehe, Claus Heins und Melchior Lotter, gegenüber mit allerdings nicht allzu bedeutenden Summen für verschuldet bekennen und bezeichnet ihre bereits stattgehabte Abfindung als eine für seine derzeitigen Vermögensverhältnisse zu hohe; aber indem er sagt, daß „sich seine nahrunge durch gottes geschick vnd nicht seiner obrigen zehrung (d. h. eines verschwenderischen Lebens) oder verseumung halben, ettwas merglich gemyndert", weist er deutlich genug auf den Rückgang des Buchhandels an sich als den Grund seines verringerten Vermögensstandes hin. Der Mangel an Verdienst im eigentlichen Beruf verleitete dann wahrscheinlich zu jenen zum Theil waghalsigen kaufmännischen Speculationen und Bürgschaften, deren ich schon gedacht habe und die Einzelne ruinirten, wie Jacob Thanner und Hermann von Cöln.

Dieser Vermögensverfall beginnt mit den Jahren 1522 und 1523 und läßt sich bei Einzelnen bis ins Detail nachweisen. Peter Hofer ist bereits im Jahre 1522 fast ganz verarmt; Nickel Wolrabe ruinirt sich nebenbei noch zum Theil durch Bauspeculationen, steht schon im Jahre 1528 vor der drohenden Pfändung, wird von seinen eigenen Kindern auf ihr mütterliches Erbtheil verklagt und lebt schon seit dem Jahre

1531 nur noch als Mäkler, bis ihm im Jahre 1540 vom Rath aus Mitleid versuchsweise das Amt des Stadtvoigtes übertragen wird. Bei Blasius Salomon, der möglicherweise durch die Präunlein'schen Zinnspeculationen irgendwie mitgeschädigt worden war, macht die Verarmung schnellere Fortschritte, nachdem sich sein Gehülfe und Vetter Peter Schürer im Jahre 1527 selbständig gemacht hatte. Georg Pfennig muß im Jahre 1528 sein Häuslein im Brühl für 50 Gulden verkaufen, während Benedict Roskopff gleichzeitig das seinige im Sack, auf nur 100 Gulden bewerthet, nicht zu halten vermag und seinem Schwager, dem Buchbinder und Buchführer Thomas Thanigel, überlassen muß. Michel Blum sieht sich genöthigt, Buchdruckerwerkzeug (wohl Schrift) von Kunz Kachelofen zu entleihen, wird bereits während seiner Haft mit Klagen und Bekümmerungen, auch von seinen Papierlieferanten, verfolgt, so daß sich im Jahre 1527 seine Wittwe zu der Bitte um Bestellung eines kriegischen Vormundes für alle überhaupt gegen sie anzubringenden Klagen veranlaßt sieht; dem gleichnamigen, allerdings wohl etwas leichtlebigen Sohne gelingt es auch nicht, sich wieder wesentlich emporzuarbeiten, denn im Jahre 1536 wird er wegen rückständigen Miethszinses verklagt und deckt kleinere Schulden mit Papier. Selbst Martin Landsberg — dem seine Frau, eine Schwester des Bürgermeisters Benedict Beringershain, ein ansehnliches Vermögen zugebracht hatte — hinterläßt nur eine mit 550 Gulden auswärtiger Schulden belastete Activmasse von 1500 Gulden, so daß seinem einzigen Sohne, Nickel Landsberg, der sich dann nach Freiberg wendet, nur 375 Gulden väterliches Erbtheil und der halbe Theil der noch nicht eingegangenen Geschäftsaußenstände zugebilligt werden. Und eben so geht es mit Valentin Schumann, der als kluger katholischer Verleger lange genug prosperirt hatte, seit dem Jahre 1531 rückwärts; auch er wird von auswärtigen Gläubigern bedrängt und muß sein Hausgrundstück gegen ein geringerwerthiges wechseln.

Dieses innerliche Verkümmern des schon im Entstehen begriffenen buchhändlerischen Verkehrs-Centrums prägt sich nun aber auch bald äußerlich deutlich genug aus. Mußte die große Zahl der in Leipzig im ersten Viertel des Jahrhunderts, besonders seit dem Jahre 1520, entstehenden Buchhandlungen nothwendiger Weise überraschen, so änderte sich dies nun, weil ihre Existenz allem Anscheine nach vorwiegend auf dem Sortiments- und Commissions-Betrieb beruhte. Zwar weist noch das Jahr 1527 eine Mehrzahl von Buchhändlern als neuaufgenommene Bürger aus: Franz Clement, dem seine aus Nürnberg stammende Frau eine ansehnliche Mitgift zubrachte, Peter Schürer aus Crottendorf, Georg Pfennig von Krailsheim (der aber schon im Jahre 1526 vorkommt) und Jacob Stöckel, Wolfgang's ältesten Sohn erster Ehe, welcher ebenfalls bereits seit dem Jahre 1524 Geschäfte betrieb; — aber nun bricht der Zufluß plötzlich in auffälliger Weise ab: das Jahr 1530 bringt uns Hans Bergmann von Großenhuhle und Nickel Hauenschild, dann erst das Jahr 1537 Henning Sosat, welcher anscheinend einer abermaligen Ablösung von Melchior Lotter's Sortiment die Grundlage seiner Existenz verdankt, und das Jahr 1538 Bartel Schmidel, von dessen Thätigkeit im übrigen weiter keine Spuren nachweisbar sind.

Dagegen beginnt gleichzeitig ein förmlicher Exodus: Simon Eckstein, der die Wittwe Albrecht Hofer's geheirathet hatte, wandte sich nach Annaberg und wird hier im Jahre 1530 neben Rudolph Goschayn als „lutterischer buchfurer" erwähnt; Georg Pfennig ging nach Posen, von wo aus aber sowohl er, als auch seine Wittwe Elisabeth und sein gleichnamiger Sohn bis gegen das Jahr 1560 hin ihre Geschäftsverbindungen mit Leipzig — anfänglich namentlich mit Sebastian Reusch und Nickel Wolrabe dem Jüngeren — aufrecht erhielten; Peter Hofer und Jacob Stöckel aber siedelten nach Eisleben über, welches sich auch nach dem Jahre 1547 Lorenz Fischer als Ruhesitz seines Alters erkor; Hans Bergmann endlich befand sich unter der Zahl der im Jahre 1533 ausgetriebenen evangelischen Bürger. Sang- und klanglos verschwindet gleichzeitig Paußschmann's Buchhandel; schon im Jahre 1524 waren ja die Commanditen in Prag und Wittenberg eingezogen worden und keine Spur ist davon zu finden, was aus dem großen Geschäft wurde.

Aber auch die Zahl der Druckereien verringerte sich auf die Hälfte. Den Anfang machte Wolfgang Stöckel, welcher im Jahre 1524 oder 1525 nach Dresden übersiedelte und hier katholischer Hofbuchdrucker wurde. Es heißt stets, er sei von Herzog Georg zum Druck von Emser's sogenannter Uebersetzung des Neuen Testamentes und anderer Schriften dieses herzoglichen Hof-Theologen dorthin berufen worden. Das mag vielleicht zum Theil so sein, obschon seine Haltung als Wortführer der Buchhändler bei der Vernehmung im Jahre 1524 keine entschieden katholische, vielmehr eine rein geschäftlich-indifferente zu nennen ist. Aber seine Uebersiedelung erhält denn doch auf Grund der Leipziger Gerichtsurkunden eine eigenthümliche Färbung: er war tief verschuldet und vermochte sich in Leipzig nicht mehr finanziell über Wasser zu halten.

Bereits im Jahre 1522 war er theilweise im Rückstande mit dem mütterlichen Erbtheile seiner Stieftochter Gertrud, der Tochter des Buchdruckers Arnold Reumarkt von Cöln, welche sich in dem Nonnenkloster zu Eisleben befand, und im Jahre 1523 mußte er dem Abte Mathias des Klosters zu Ballenstedt seine gesammte Habe verpfänden, weil er die volle Bezahlung für einen erst binnen Jahresfrist zu vollendenden Druckauftrag mit 250 Gulden vorweg entnommen hatte. Im Jahre 1524 häuften sich dann Klagen auf Klagen gegen ihn; er sah sich im Jahre darauf genöthigt, sein Haus in der Ritterstraße für 330 Gulden zu verkaufen, um nur seinem Sohne Jacob das demselben gebührende mütterliche Erbtheil auszahlen zu können. In den Jahren 1526 und 1527 aber werden sowohl er, wie sein „Knecht" (wohl Geselle oder zur Messe anwesender Vertreter) bekümmert und brechen den Kummer sogar, so daß ihm rechtlich das fernere Betreten des Leipziger Weichbilds hätte untersagt werden können. Ja, erst im Jahre 1558 berichtigt sein Sohn Matthes von Dresden aus eine Schuld, von der das nicht mehr vorhandene Richterbuch des Jahres 1530 sprechen müßte. Seine aufrichtige Anhänglichkeit an die alte Lehre erscheint dabei auch dadurch in zweifelhaftem Lichte, daß er seine beiden unmündigen Kinder zweiter Ehe, Wolfgang und Magdalena, bei ihrem der evangelischen Lehre anhängenden Bruder Jacob in Leipzig zurückließ, vielleicht bei seiner fast fluchtähnlichen Entfernung nach Dresden zurücklassen mußte, und nur seinen vermuthlich aus einer dritten Ehe entsprossenen jüngsten Sohn und späteren Nachfolger als Hofbuchdrucker, Matthes, mit nach Dresden nahm, falls derselbe nicht etwa gar erst in Dresden geboren wurde.

Als zweite der eingehenden Druckereien schließt sich die des im Jahre 1523 verstorbenen Martin Landsberg an. Sie wurde zwar 1525 von Mag. Erasmus Bachelbel übernommen, aber jede weitere Spur von ihr geht dann auch verloren. Bachelbel wird im Jahre 1528 nur unter den Buchführern, nicht unter den Buchdruckern aufgeführt. Ebenso spurlos verschwindet die noch im Jahre 1528 erwähnte Druckerei Jacob Thanner's aus dem Gesichtskreise; nach seinem etwa 1533 oder 1534 erfolgten Tode verkaufte sein Schwiegersohn, Mag. Lucas David, später herzoglich preußischer Hofrath und berühmter Landeshistoriker, zwar — wie sich aus einem Eintrag in die Schöppenbücher der fünfziger Jahre ergiebt — die Bücherbestände und das Maculatur an den Buchbinder Christoph Birck oder Birckicht, der zu dem erwähnten Zeitpunkte darauf noch über 200 Gulden schuldig war; der Druckerei aber geschieht keine

Erwähnung. Sie könnte an Nickel Wolrabe den Jüngeren, der im Jahre 1533 das Bürgerrecht erwarb und der einzige neue Buchdrucker des Zeitabschnittes bis 1539 ist, übergegangen sein. Ebenso aber könnte man aus späteren Beziehungen Wolrabe's zu Melchior Lotter zu folgern berechtigt sein, das ersterer — er fing mit sehr beschränkten Mitteln an — einen Theil der Druckerei des letzteren übernommen hätte, als diese, nunmehr die vierte der in Leipzig eingehenden, mit Michael Lotter nach Magdeburg übersiedelte, nach einem Platze, welcher nun für eine Zeit lang eine ganz besonders rege Thätigkeit für die theologische Zeitliteratur, namentlich in niedersächsischer Sprache, entfaltete.

Alle diese Thatsachen dürften allein schon genügen, den dahinsiechenden Zustand des Platz-Buchhandels Leipzigs zu belegen. Die Leipziger Buchhändler besuchten zudem die Frankfurter Messen; sie mußten hier, da sie keine besonders gangbaren Bücher mitzubringen vermochten, baar kaufen oder, wie z. B. Blasius Salomon sich genöthigt sah, ihren persönlichen Credit anspannen. Daß aber der Druck, unter welchem der Leipziger Platz-Buchhandel krankte, auch die fremden Buchhändler mehr oder weniger verscheuchen mußte, bedarf kaum eines Beweises: sie konnten ja ihren Hauptbedarf auf den Messen nicht finden, konnten ihren gangbarsten Verlag auf ihnen nicht verwerthen. Da mochte es wohl stiller auf den Büchermessen werden, das geschäftliche Hasten in Buden und Gewölben sich verlieren; da mochte wenig mehr zu sehen sein von dem eiligen Durchmustern der Neuigkeiten, da mochte nur ein geringer Bedarf noch ausgewählt, „ausgesetzt" wie man es nannte, und eilig in Fässer und Kasten „geschlagen" werden, um schnell mit dem Neuen in die Heimath oder auf die vielen Jahrmärkte eilen, beziehendlich eine längere Geschäftsreise bis in den fernen Osten antreten zu können. Aber langsamer mochten die Zahlungen einfließen, unvollkommener die Halbjahres-Rechnungen beglichen werden. Neue Verbindungen, die z. B. durch Hans Herfart mit Augsburg aus dem stärkeren Bezuge der Schriften Hieronymus Emser's und Petrus Sylvius' erwuchsen, konnten schwerlich einen Ersatz bieten, ebensowenig Meßbesucher, wie der ganz verarmte wandernde Buchführer Hans Haselberg von Aya Constanzer Diöcese, dessen um das Jahr 1520 spielende Differenzen mit Johann Rynmann wegen seiner beabsichtigten Niederlassung in Augsburg und wegen des Verlages der Werke des Abtes Tritheim merkwürdiger Weise im Jahre 1537 vor den Leipziger Schöppen auszuklingen scheinen. Es ist zwar nur ein negativer Beweis für das behauptete Sinken des Meßverkehrs, daß, während die ersten zwanzig Jahre des Jahrhunderts in ihren Actennachweisen so deutlich für die Lebhaftigkeit desselben sprechen, die dreißiger Jahre ein fast völliges Stillschweigen über ihn beobachten. Dieser negative Beweis wäre sogar durch den Einwand anfechtbar, daß dies gerade nur für die größere Solidität des Geschäftsganges spräche, wenn eben bei dem siechen Zustande des Leipziger Platzes für diesen selbst nur eine gesteigerte Solidität angenommen werden dürfte. So scheint sich denn auch das sich bildende Commissionär-Verhältniß Leipziger Firmen zu auswärtigen Buchführern wieder gelöst zu haben; es tritt uns urkundlich erst wieder mit den fünfziger Jahren entgegen. Wenn im Jahre 1535 bei der endlichen Abwickelung der Schuldverbindlichkeiten Hans Nese's in Groß-Glogau statt der Koburger Franz Clement auftritt, so hat dies allerdings seinen Grund in dem Erlöschen der gedachten Firma, d. h. soweit ihr Buchhandel in Betracht kommt; aber ebenso löste sich das Verhältniß Rynmann-Präunlein's zu Blasius Salomon. Vom Jahre 1529 ab tritt Wolf Präunlein stets persönlich als Meßbesucher, oder durch seinen Diener Hans Hüffel, genannt Manser, auf; letzterer, der vorher Johann Setzer (Secerius) in Hagenau vertreten hatte, ging später in den Dienst Nickel Wolrabe des Jüngeren über. Etwas dunkel bleibt mir hierbei nur der Umstand, daß Wolf Präunlein ungeachtet seines finanziellen Fiascos als Speculant in Zinn im Jahre 1525, bei der Vernehmung der Buchführer im Jahre 1528 noch als der Pauzschmannin Diener aufgeführt wird.

Als ein nur dürftiger Ersatz für derartige wesentliche geschäftliche Einbußen muß es bezeichnet werden, daß sich in der Zeit dieser geschäftlichen Verödung deutlichere Anzeichen eines förmlichen Kunsthandels auf der Messe finden. Im Richterbuch steht unter Donnerstag nach Cantate 1537 folgender Eintrag:

„Gorge von Landshut hat bekanth, das er Albrechte von der Helle 12 fl. 1 orth vor etliche bilder vnd kunst stucke schuldig sey. Nachdem er Jnen aber nit bezahlen aber entrichten kan, hat gedachter Görge ein bilde Adam vnd Eua, ein kunst stucke, hinder das gericht gelegt. Es hats aber der Albrecht nit höcher dan vmb 5 fl. muntze annehmen wollen, vnd meister Görge magk, zwuschen hyr vnd Michaelis solch kunst stucke vorkauffen, so theuer als er weyß, so es aber nit höcher dan 5 fl. gelden will, so will es obgemelther Albrecht selber dorumb behalten. Act. Dornstags nach Cantate."

"Solch bilde hat Hans Apotecker (d. i. Hans Ralla) entpfangen vnd ist burge vor das gelt."

Es ist ja zur Genüge bekannt, daß auch namhafte Künstler des 15. und 16. Jahrhunderts — ich brauche nur an die Brüder van Eyck und an Lucas Cranach zu erinnern — ihre Kunst zum Theil recht fabrik- und handwerksmäßig betrieben, durch ihre Gesellen selbst die gewöhnlichsten Anstreicherarbeiten besorgten; aber Bilder, gemalte Tücher, wo möglich Altar-Bilder, als Meßwaare zu finden, dürfte doch wohl ein Novum sein. Doch scheinen gleichzeitig auch die zahlreichen Leipziger Maler theilweise einen offenen Handel betrieben zu haben, denn im Jahre 1554 bewirbt sich der Fürstenmaler Hans Krell um die nächste freiwerdende Kramkammer unter dem Rathhause. Da zu Ostern 1559 vom Rathe verfügt wird: "Die Furstenmalerin sol vfm Marckt In der wochen nur an einem ort vnd staude Ihre borten feil haben", so würde man jenes Gesuch wohl unbedingt anders zu deuten haben, wenn nicht auch im Jahre 1557 der Maler Caspar Schmit eine solche Kramkammer unter dem Rathhause käuflich an sich gebracht hätte. Wenn außerdem im Jahre 1538 der Formschneider Wolf Sturmer oder Stormer sich als in fortlaufender Geschäftsverbindung mit dem Formschneider und Briefmaler Hans Guldenmund in Nürnberg stehend erweist und diesem Terminzahlungen für jede der drei Leipziger Messen verspricht, so weist dies allerdings weniger auf eine Art von Kunsthandel, als auf den buchhändlerischen Kleinverkehr, auf den Verkehr mit Briefen und Liedern hin, den ja auch Michel Blum pflegte.

Die Zeit des auf dem Leipziger Buchhandel lastenden Druckes aber nahte sich ihrem Ende: Herzog Georg war alt geworden und hatte in seiner Energie, wenigstens dem Preßgewerbe gegenüber, nachgelassen. Der waghalsige Anfänger Nickel Wolrabe begann bereits seine dädalischen Schwingen zum gefährlichen Fluge in das Gebiet der höheren Verlags-Speculation zu regen. Bescheidener, aber sicherer, arbeitete sich Henning Sosat, anfänglich durch Vermittelung Melchior Lotter's von der Leipziger Universität mit einem Geldvorschuß zur Steigerung seines Geschäftsbetriebes unterstützt, empor; er vermochte bereits im Jahre 1544 ein Grundstück in der Nicolaistraße für 550 Gulden mit 270 Gulden Anzahlung zu erwerben. Aber die meisten der noch existirenden älteren Buchführer traten in finanziell fadenscheinigem Aufzuge in die neue Periode des Wiederaufblühens des Buchgewerbes hinüber: Blasius Salomon, Hans Kelbel und Benedict Roßkopff so verarmt, daß ihnen fortwährend Bekummerungen drohten. Der erstere kann selbst bedeutendere, von zehn Jahren her datirende Schulden und solche für Brod nur in Terminzahlungen von ein und zwei Gulden abtragen, wenigstens verspricht er es vor Gericht; der letztgenannte muß den Buchbinder Ficker sogar zum Theil mit Büchern (Wittenberger Bibeln) bezahlen. Nickel Hanenschild schlägt sich nur kümmerlich durch, so daß der Rath im Jahre 1554 aus Mitleiden seiner Wittwe den bisher innegehabten Laden unter dem Rathhause — den entgegengesetzten Beschluß der beiden verwaltenden Baumeister cassirend — beläßt. Nicht allzu günstig scheinen, wie der spätere Verlauf zeigte, die Verhältnisse bei Peter Schürer, Lorenz Fischer und Thomas Thanigel gelegen zu haben, während für Gregor Jordan der geschäftliche Verfall erst mit dem Jahre 1550 aus seinem Bestreben hervorging, die Verhältnisse seines in Concurs gerathenen, auch mit Papier handelnden Schwiegersohnes Christoph Enßmann zu ordnen.

In guten Verhältnissen traten nur die den Buchhandel in größerem Maßstabe betreibenden Buchbinder Christoph Birck, der gelegentlich auch wirklich Buchführer genannt wird, und Andreas Ficker, — in völlig geordneten, ja glänzenden, zum Theil sogar in angesehenen Stellungen nur Peter Clement der Jüngere, Franz Clement, Melchior Lotter und Mag. Erasmus Bachelbel in die neue Periode hinüber. Ob der zuletzt genannte im Jahre 1539 überhaupt noch den Buchhandel betrieb, ist mir mehr als zweifelhaft. Melchior Lotter scheint sich bereits seit dem Jahre 1534 oder 1535 persönlich vom Geschäftsbetriebe zurückgezogen zu haben; was noch unter seiner Firma später gedruckt wurde, dürfte auf Rechnung seines Sohnes Michael kommen, der bereits im Jahre 1535 die Firma Melchior Lotter gegenüber Hans Nese von Groß-Glogau vertrat. Nach Augustin Panßschmann, der bereits vor Beginn seiner nur kurzen buchhändlerischen Laufbahn zu den Rathsfreunden gehörte, war Melchior Lotter der erste Buchdrucker und Buchhändler, welcher in den Rath gelangte; er bekleidete sogar in den Jahren 1541 und 1542 das Richteramt. Ihm folgte im Rathe als dritter Franz Clement, jedoch nicht mit so einflußreicher Thätigkeit.

Von den älteren Buchdruckereien überdauerten, wie schon angedeutet, nur die von Nickel Schmidt, Michael Blum und Valentin Schumann die Einführung der Reformation. Sie trugen keine nachhaltige Lebenskraft mehr in sich, die Besitzer starben alle drei im Aufang der fünfziger Jahre. Die Druckereien Blum's und Schumann's verschollen mit dem Tode ihrer Besitzer, die Nickel Schmidt's wurde zunächst von seinen Erben fortgeführt, dann aber von seinem Sohn Lorenz (in der Bürgermatrikel latinisirt Lorenz Faber genannt) in den zwei Jahren 1559 und 1560 durch geschäftliche und häusliche Mißwirthschaft — er versetzte sogar die Kleider und den Schmuck seiner Frau — so völlig zu Grunde gerichtet, daß Ernst Vögelin die Schriften für 61 Gulden übernehmen mußte, damit nur jenes Eigenthum seiner Frau eingelöst und die Bezahlung einiger kleinen Schulden, wie der restirende Lohn des anscheinend einzigen Buchdruckergesellen der Officin, bewirkt werden konnte.

Der Tod Herzog Georg's löste den Bann, die Durchführung der Reformation begann.

Der Wandlungsproceß im kirchlichen Leben der Stadt vollzog sich nun einerseits unter dem mehr oder minder passiven Widerstreben des Rathes, andererseits unter dem maßgebenden und, so weit wenigstens das Preßgewerbe in Frage kommt, sich in herrischer Weise geltend machenden Einfluß des Kurfürsten Johann Friedrich. Dieser Proceß ließ die Leipziger Buchführer und Buchdrucker so recht das Janusgesicht der Reichspreßordnungen erkennen. Was bisher allein zu drucken und zu verkaufen erlaubt gewesen war, war über Nacht zum Libell, zur Famosschrift geworden; die Anfänge der Präventiv-Censur ließen sich verspüren. Wenn also zunächst auch nur die eine Art und Weise des lästigen Druckes gegen eine andere vertauscht zu sein schien, so änderten sich trotzdem die Verhältnisse des Buchhandels bald genug mit einer überraschenden, fast verblüffenden Schnelligkeit: eine neue Buchdruckerei, die Valentin Bapst's erstand (1541), der Unternehmungsgeist erwachte von neuem, die Kapitalisten wandten, wie im Beginn der Reformationszeit, dem Buchhandel ihr Interesse wieder in zum Theil Unglück zeugender Weise zu, eine förmliche Schwindelperiode im Verlagshandel, eine Periode ungesunder Schaffung neuer Sortimentsgeschäfte entfaltete ihre Sumpfblüthen unter der Führung von Nickel Wolrabe dem Jüng. und Sebastian Reusch. Diese Schwindelperiode des Leipziger Buchhandels nach Einführung der Reformation — ich möchte sie eine Entwickelungskrankheit desselben vor Eintritt in sein Mannesalter nennen — ist so charakteristisch, für das Verständniß der geschäftlichen Entwickelung des deutschen Buchhandels im allgemeinen so aufklärend, daß ich ihr eine etwas breitere Darstellung widmen muß.

Ich habe bereits flüchtig angedeutet, daß sich Nickel Wolrabe, obschon er seine geschäftliche Thätigkeit mit nur beschränkten Mitteln begann, schon vor dem Jahre 1539 in größere Verlagsspeculationen eingelassen hatte. Ob ihm der kapitalkräftige Sebastian Reusch, dem bereits im Jahre 1524 der ältere Wolrabe verschuldet war, dabei von Anfang an unterstützte, oder von welchem Zeitpunkte ab er ihm zuerst seine nichts weniger als uneigennützige Beihülfe gewährte, bleibt unklar. Auf alle Fälle erfreute Wolrabe sich daneben der anscheinend allmächtigen Protection der Herzogin Katharina und des herzogl. Rathes Anton von Schönberg. Unerklärt bleibt das erstmalige Eintreten dieser Protection, da die Herzogin von jeher eine getreue Protestantin gewesen war, dennoch aber hier dieselbe ganzen oder halben Gegnern der neuen Lehre zuwandte.

Wolrabe war veranlaßt worden — er drückt sich nicht klar darüber aus: ob durch Herzog Georg oder den Rath der Stadt („welche ich hab mussen drucken") — den Druck von Georg Wizel's Postille zu übernehmen; vielleicht hatte er daneben auch schon den Druck des dickleibigen Homilienwerks des Dr. Jacob Schenck und zwar möglicher Weise ebenfalls auf Anregung des Rathes begonnen. Der Tod Herzog Georg's trat störend dazwischen. Wizel's Postille war dem Kurfürsten Johann Friedrich ein Dorn im Auge: nichts Antilutherisches sollte fortan in Leipzig erscheinen und herrisch verlangte er die Verhinderung des Weiterdrucks.

So wurde denn Sonnabend nach Cantate (10. Mai) 1539 den vier Leipziger Buchdruckern „mit ernst vorbotten, Sie sollen nichts newes drucken noch aufgehen lassenn, Sie habens dan zuuorn deme Rathe angezeigt, bey des Raths vnuormeydlicher straffe." Aber der Rath war der neuen Lehre innerlich abhold; er drückte die Augen zu und ließ Wolrabe ruhig das mißliebige Werk insgeheim fertig drucken. Noch mehr: obschon inzwischen Kurfürst Johann Friedrich dies erfahren und in einem neuen fulminanten Intercessionsschreiben die von Herzog Heinrich denn auch verfügte Verbrennung oder anderweite Vernichtung der Exemplare verlangt hatte, connivirte der Rath doch in so weit, daß die Vorräthe noch schleunig nach Berlin geschafft werden konnten, und zwar trotz der für eine etwaige Verhinderung dieser Fortschaffung noch rechtzeitig eingehenden Denunciation seitens der in Leipzig anwesenden Kirchenvisitatoren. Die Folge war, wie man es von Wittenberg aus verlangte, für Wolrabe strenge Haft, für die Leipziger Buchdruckereien die Anordnung einer strengen Ueberwachung. Am 9. August wurde verordnet, daß zwei Rathsherren „alle acht tage zu den Buchdruckern gehen vnd zusehen (sollten), das nichts dan dem Evangelio gemesse gedruckt werde."

Doch schon im September machte sich die bereits erwähnte ausschlaggebende Protection der Herzogin Katharina geltend; in den Rectoratsacten heißt es in einem analogen Falle „volente Henrico principe, aut potius domina et Antonio" (nämlich von Schönberg). Wolrabe wurde auf ihre Fürsprache hin der Haft entlassen, aber nach dem Rescripte Herzog Heinrich's nur unter der Bedingung „Das ehr genugsame vorbürgung thue sich solches Druckens vndt vngehorsams hinfurbaß alle dieweyll ehr vnnser vnderthan sein will, zw enthaltenn, vnd was er hinfurbaß zwdrucken anfahen würde, Das ehr dasselbige, was es auch sein möge, zuuorn allewege vnnsern bey Euch verordenten Superattendenten, vnd Ewrm burgermeyster beneben demselbigen, fuertragen vnd anzeygen solle, vnd ahne derselbigenn erlewbnis dasselb nicht drücken noch außgehenn lassen, Auch das ehr dasselbig also zu thuen vnd des nicht anders zuuerhalten, mit eydes pflichten neben obberurther burgschafft verhaft vnd eingenohmen werde." Bürgen für ihn wurden sein Schwager, der Steinmetz Johann Pfretzschner, und sein böser Genius Sebastian Reusch. Die Wolrabe auferlegte Verpflichtung, seine Druckerthätigkeit der Censur zu unterstellen, ist noch um deswillen bedeutsam, weil sich in ihr die ersten Andeutungen der für Sachsen heranziehenden Präventiv-Censur documentiren. Sie wurde in Bezug auf Wolrabe zunächst auch thatsächlich durchgeführt, denn im Jahre 1542 verhinderte zu Wolrabe's schwerem Schaden der Superintendent Johann Pfeffinger die Ausgabe des schon erwähnten Homilienwerkes Jacob Schenck's, da sich der Verfasser nicht zu den verlangten Aenderungen verstehen wollte.

Wunderbarer Weise sollte aber gerade die Wolrabe aus diesen Vorgängen erwachsende Schädigung seines Geschäftsbetriebes — er hatte schon Andeutungen gemacht, sich von Leipzig wegwenden zu wollen — zu seinem anscheinend größten Vortheil ausschlagen. Gerade ihm, der sich so eben erst schwer gegen die reine Lehre versündigt und den Zorn des Kurfürsten Johann Friedrich auf sich gezogen hatte, wurden durch die Fürsprache der Herzogin Druck und Verlag der neuen Kirchenordnung, der Apologie, des Psalters und einer Bibelausgabe übertragen. Allen Pfarrern und Kirchenäraren wurde anbefohlen, diese Werke, und nur diese Ausgaben, anzuschaffen und sie direct von Wolrabe zu entnehmen. Bezüglich der Lutherschen Bibelübersetzung trägt diese Maßregel den Charakter einer förmlichen Auflehnung gegen das herrische

Auftreten des Kurfürsten; sie schloß eine schwere Schädigung der Wittenberger Originalverleger in sich, ja kommt einem indirecten halben Verbot der Originalausgabe gleich. Aber dieses Uebermaß von Protection sollte für Wolrabe verhängnißvoll werden. An sich schon allem Anschein nach waghalsigen Speculationen zuneigend, wurde er durch diese Protection förmlich gewaltsam zur Ueberspannung seiner für so weit aussehende Unternehmungen nicht im entferntesten ausreichender finanziellen Kräfte gedrängt, den Kapitalisten, vielleicht zum Theil wucherischen, in die Hände getrieben.

Zwar die Wittenberger Originalverleger, Bartel Vogel, Moritz Goltz und Christoph Schramm, setzten alle Hebel in Bewegung um diesen obrigkeitlich befohlenen Nachdruck zu hintertreiben. Auf die eigentlichen Veranlasser ausdrücklich hinzuweisen wagten sie zwar nicht; sie deuten sie nur indirect an, indem sie sagen, daß Wolrabe „verlegt werde durch einen erbaren Rath zu Leyptzig", wovon später. Aber ihre Bemühungen waren vergeblich. Alles, was sie durch Intercessionsschreiben des Kurfürsten, Luther's, Melanchthon's und Justus Jonas' zu erreichen vermochten, war eine Verfügung Anton von Schönberg's, daß Wolrabe seine Ausgabe erst nach Jahresfrist in den Verkehr bringen sollte, er werde ja doch wohl genügend im Vorsprung bleiben; aber die Pfarrämter wurden gleichzeitig durch die Visitatoren förmlich angewiesen, mit der Anschaffung von Bibeln bis dahin zu warten!

Es giebt kaum ein besseres Beispiel um den rechtlosen Zustand des Verlagsbuchhandels jener Zeit zu veranschaulichen. Luther hatte in seinen beiden geharnischten Philippiken gegen die Nachdrucker gebeten: man möge doch nur einige Monate, einige Jahre warten, ehe man „zuführe", inzwischen den Originalverlegern den Verdienst gönnen. Er hatte damit gewissermaßen schon die Auffassung des damals ja noch unerkannten Autoren- und Verlagsrechts gleichsam vorahnend zum Ausdruck gebracht, die sich erst in diesem Jahrhundert als allgemeingültig durchgerungen hat: die Auffassung desselben als eines zeitlich beschränkten Nießbrauchsrechts. Auch baten die Wittenberger Buchführer, die ebenfalls eine neue Ausgabe vorbereiteten, dementsprechend nur um eine Respectzeit von zwei bis drei Jahren. Sie hatten selber ihren Vorverlegern, Christian Döring in Wittenberg und Melchior Lotter in Leipzig, die einzeln erschienenen Theile von Luther's Uebersetzung abgekauft; sie sagen: „zu dem das wir haben muffenn dem lother seine figuren auch abkauffen, off das ehr vnns hirin keinen Inhalt thonn mocht vnnd sich weiter nichts zu beklagen hett." Die hierin liegenden Andeutungen von Rechtsanschauungen und Rechtsbeziehungen, jedenfalls entstanden unter Luther's directem moralischem Einfluß, sind leider zu verschwommen ausgedrückt, um weiteres Licht auf seine und die Zeitanschauungen betreffs dieser wichtigen Frage werfen zu können. Die des weiteren von den Wittenbergern erbetene Ausdehnung ihres im Jahre 1534 durch Luther's Vermittelung erhaltenen kursächsischen Privilegiums auf die herzoglichen Lande scheint völlig ignorirt worden zu sein. Und doch wäre ein herzoglich sächsisches Privilegium gegen den Nachdruck kein Novum mehr gewesen; hatte doch schon im Jahre 1527 Hieronymus Emser ein solches für sein Neues Testament erhalten. Jenes für die erste vollständige Ausgabe von Luther's Bibelübersetzung ertheilte ist zwar, so weit bis jetzt bekannt, als kursächsisches das erste; doch reden Bartel Vogel und seine Gesellschafter (in ihrer undatirten Bitte an Luther um Intercession) von den „buchern So wir von Christanno Döring seliger vmb der biblien vnd priuilegirten bucher halben kaufft habenn." Möglicherweise sind hierunter die einzelnen Stücke der Bibelübersetzung zu verstehen.

Den großen Unternehmungen — seiner übrigen nicht unbedeutenden Verlagsartikel zu geschweigen — in die sich Wolrabe hiermit eingelassen hatte, waren, wie schon betont, seine Mittel nicht gewachsen. Schon im ersten Viertel des Jahres war er mit Hypothekenzinsen im Rückstand gewesen, hatte die Zahlung anderer Schulden schon bei Schuldhaft angeloben müssen. Krampfhaft suchte er daher durch alle möglichen Mittel Geld aufzutreiben; er verkaufte sein nicht sehr großes Haus in der Nicolaistraße für 450 Gulden, erst später erwarb er ein wesentlich größeres; er nahm Geld auf, wo er es nur erhalten konnte, z. B. 200 Gulden bei dem Bischof Johann von Meißen, dem Gönner und Förderer Georg Wizel's, auf Wechsel bei Sebastian Reusch; er entnahm Waaren jeder Gattung auf Credit, wie Flachs bei Elisabeth Pfennig in Posen, Zinn bei Sebastian Reusch, Wolle bei Blasius Horn, dem Schwager Valentin Bapst's und zweitem Gatten der Wittwe des Buchführers Christian Breithut, und schaffte alles auf die Frankfurter Messe um es hier zu versilbern. Der Zweck war vorwiegend wohl der, hier Geld zu Papierankäufen disponibel zu haben, denn namentlich lag ihm viel daran, Credit bei dem Papierhändler Friedrich Ingolt in Straßburg zu erlangen. Aber alles war unzureichend. Sebastian Reusch, dem er gegen Ende des Jahres 1539 bereits über

1000 Gulden schuldete, scheint keine weitteren Vorschüsse mehr haben leisten zu wollen, ehe reelle Pfandobjecte, d. h. Bücher, geschaffen waren. Reusch war ein geriebener und schlauer Geschäftsmann; Wolrabe vermochte sich sein Leben lang nicht wieder aus seinen wucherischen Fängen herauszuwinden, während es Reusch so ziemlich immer gelang, die ihm drohenden Verluste auf andere Kapitalisten und Gläubiger abzuwälzen.

So wurde denn in dieser Noth wieder die unfehlbar wirkende Protection der Herzogin Katharina angerufen und in Folge derselben im Januar 1540 von Herzog Heinrich dem Rathe zu Leipzig aufgegeben, Wolrabe bis zu 1000 Gulden vorzustrecken, oder wie Wolrabe selbst an den Rath schreibt, die Herzogin habe „e. a. Wt. solch werck", nämlich den Psalter und die Bibel, „zuvorlegen gebeten". Daneben sollte der Rath Wolrabe „kegenn den papirhandlern zu Straßburgk mit vorstandt vorsehenn." Mit süßsaurer Miene mußte sich der Rath fügen; er lieh Wolrabe 800 Gulden, rückzahlbar bis zur Ostermesse 1541. Vielleicht war dies gar eine dem Rathe auferlegte Buße für seine Connivenz bei dem Druck von Wizel's Postille. Melchior Lotter verbürgte sich für rechtzeitige Rückzahlung bis zur Höhe von 500 Gulden, Sebastian Reusch bis zur Höhe von 300 Gulden. Für den Fall, daß Lotter etwa als Bürge zahlen müßte, sollte er 500 Exemplare der Bibel in Median, vorausgesetzt daß sie 15 Buch stark würde, zum Preise von 1 Gulden 1 Orth für jedes erhalten und Wolrabe selbst keine Exemplare eher verkaufen dürfen, als bis Lotter auf Grund des herzoglichen Mandats an die Kirchenvisitatoren 300 im Lande abgesetzt habe. Wie Lotter sein Verhalten ehrenhafter Weise mit dem früheren Verkauf seines Bibelantheils an die Wittenberger in Einklang bringen konnte, bleibt unklar. Ganz geheuer fühlte er sich wohl nicht, denn die rechtsübliche Eventual-Verpfändung von Wolrabe's und seiner Ehefrau ganzem Hab und Gut an Lotter, dem ein nur hinter dem Rathe selbst zurückstehendes Vorzugsrecht vor allen andern Gläubigern zugebilligt wurde, wird noch speciell damit motivirt: „da got vor seynn wolle, Das eyn vnfall zuschluge, ehir solch werck vorendet wurde, aber durch abbegangk, wie wyr alle sterblich seyn, aber eyn vorenderunge wurde, Durch Furstliche Oberkait, vnd wie der vnfalh namen habenn mochte."

Aber auch diese Geldzuflüsse waren für den Wagehals Wolrabe nur noch ein Tropfen Wasser auf einen heißen Stein. Um sein Unglück zu vollenden fand er Leipziger Kapitalisten, die der Glaube an den Gewinn verheißenden Verlagshandel angelockt haben muß; sie ließen sich tief mit ihm ein. Es gewinnt den Anschein, als habe er gleichzeitig mit zwei Associationen gearbeitet: die eine bestehend aus dem reichen, mit der Familie Buffler verschwägerten Andreas Wollensäcker und seinen Mitverwandten (d. i. Gesellschaftern), von denen gelegentlich nur Jacob Grieb genannt wird, — die andere aus den wohlhabenden Handelsherren Merten Richter und Gregor Forster, während sich Sebastian Reusch zunächst schlau aus der ihm zu eng werdenden Schlinge zog und im Jahre 1541 bis auf 411 Gulden befriedigt erscheint.

Wie Wolrabe's Verhältniß zu der Gesellschaft Wollensäcker eigentlich gestaltet gewesen sein mag, ist etwas unklar. In der Urkunde über ihre Abrechnung mit einander, gegen Ende des Jahres 1541, bekennt Wolrabe, daß ihn Wollensäcker sammt Genossen „von wegen etlicher werck, die er zcudrucken augenommen, mit pappir, gelbt, vnd anderer nobdorft, so zcur Druckerey gehöret, vorlegt hat" und verspricht zu zahlen „als einem trewen vnd aufrichtigen diner ober solche werck geburt vnd zcustehet". Das sieht nach einer vollständigen Abhängigkeit aus, dürfte aber doch wohl nur der Ausdruck der Demüthigung eines zahlungsunfähig gewordenen Schuldners sein. Denn bereits mit den Jahren 1541 und 1542 hatte Wolrabe mit jenen beiden Gesellschaften abgewirthschaftet, bedeutende Summen waren festgefahren, die Dresdener Protection war mit dem Tode Herzog Heinrichs erloschen, das Verderben brach herein.

Alle Auskunftsmittel, seinen Verbindlichkeiten nachzukommen, schlugen jetzt fehl; kleine Schuldposten, die er überall, z. B. in Merseburg, aufnahm, konnten nichts helfen; wahrscheinlich hatte er außerdem Sebastian Reusch nur durch Ueberweisung von Bücherpartien und Außenständen, sowie vielleicht durch Ausführung von Druckaufträgen, soweit wie angegeben befriedigen können. Die Versuche, größere Partien Bücher oder ganze Verlagsartikel zu veräußern, halfen ebenfalls nicht viel oder scheiterten: unter dem Drucke der sich häufenden Geldverlegenheiten muß Wolrabe's geschäftliche Moral Schiffbruch gelitten haben, die Reellität in der Geschäftsbehandlung ihm abhanden gekommen sein. So hatte er, vermuthlich schon im Jahre 1540, die ganze Auflage von Kilian König's Proceß im Ramsch verkauft, wunderbarer Weise an die von ihm so schwer geschädigten Wittenberger Bibelverleger Bartel Vogel und

Moritz Golz; er hatte sich „durch eynen vfgerichten vortragk vorpflicht vnd bewilligt gehabt, denselben Processum forder nicht zutrucken, auch Niemandts anders, den nachzudrucken (zu) vorstatten." Er brach den Vertrag; in welcher Weise bleibt ungesagt. Vielleicht hatte er das Werk doch wieder gedruckt, oder eine größere Partie, einen betrügerischen Zuschuß heimlich zurückbehalten. Er sah sich durch Vergleich vor dem Rathe genöthigt, sämmtliche noch in den Händen der Käufer befindliche Exemplare bis zur Naumburger Messe 1541 zurückzunehmen und bis Michaelis 477 Gulden zurückzuzahlen.

Schwerlich war er dazu noch im Stande, denn seine Schuldverbindlichkeiten gegen die Gesellschaft Wollensäcker waren mit dem Jahre 1541 bis auf 8000 Gulden angewachsen. Die Gläubiger drängten; er mußte ihnen also seine gesammte Habe verpfänden, die für jene Summe gedruckten Werke zum Eigenthum überweisen und versprechen, die Gläubiger aus dem Erlöse des ihm verbleibenden commissionsweisen Vertriebes rateuweise mit baarem Gelde zu befriedigen. Unklar bleibt die Art der ganzen Geschäftsführung, welche eine solche Aussonderung, gleichsam ein Separat-Conto, ermöglichte.

Aber es war dies nur eine Henkersfrist; Wolrabe wurde „seumig". Bald wurde „doneben souiel gespurt vnnd befunden, das Ime vnmuglich bemelte schulden an barem gelde zubezcalen", so daß er sich zu fast völliger pfandweiser Güterabtretung gezwungen sah. Wollensäcker und Genossen wurden das Haus — unter Abrechnung von 700 Gulden Hypothekenschulden — mit 800 Gulden, „die truckerey sampt allem wergkzeuge, vnnd vorradt, cleyner vnd grober littera, vnnd sonst alles, so dortzu gehorigk" mit 1000 Gulden (beides mit Rückkaufsrecht binnen drei Jahren), ferner für 3300 Gulden „gedruckter Bucher allerley opera", 2000 Gulden Außenstände im Lande für in die Aemter gelieferte Bibeln und endlich für 1000 Gulden anderweitige Guthaben, wahrscheinlich bei Buchhändlern, überwiesen, letztere beide Posten jedoch nur zur Verrechnung, nicht in solutum. Ein Factor der Gesellschaft wurde ihm als Sequester ins Haus gesetzt, ihm selber aber das Wohnen im Grundstück für die nächsten drei Jahre gestattet uud er zur Unterstützung jenes Factors oder Sequesters bei dem Geschäftsbetrieb verpflichtet. Dagegen blieb er selber gewissermaßen Factor der Druckerei; es wurde ihm „durch die gesellschaft vorsprochen, Jnen mit der Druckerey zcufurdern, douon er seyne gepurliche besoldunge haben sol, Do aber er von der gesellschaft nicht gefordert, vnd Wolraben selbst ethwas zcu drucken vorfiele, daffelbe sol Ime die zeit vber vorgunstiget werdenn, doch das er an Iren vortwissenn, vnd sunderlich berurttem vbergebenen handel zcu entkegen nichts drucken solle. Vf den falh Sol solche Druckerey sampt Iren zeugehorenden werckzceugenn, was doran durch In vnd seyne diner abgenußt, vnd geringert, wiederumb gebessert vnd In volkomlichen wert vberanthwurt vnd ersetzt werdenn."

Was Wollensäcker und Genossen übriggelassen, nahm aber bald die zweite Gläubigergruppe, Merten Richter und Gregor Forster, in Beschlag; die Höhe ihres Guthabens wird nicht genannt. Ihnen mußte Wolrabe im Jahre 1542 „den gantzen Buchhandel", d. h. was ihm noch davon verblieben war, „zcusampt allem eynkommen der schulden" überlassen. Sein eigener Diener, Hans Mauser, wurde ihm als ein zweiter Sequester neben dem schon fungirenden ins Haus gesetzt; derselbe hatte das Geschäft zu verwalten und „yede parschaft, so zcusammen gebracht wirt Merten Richter vnnd Gregor Forstern, also offte sie es begeren, zcu(zu) stelleun." In welcher Bedrängniß Wolrabe sich befand, wie demoralisirend dieselbe auf ihn wirkte, zeigt der Umstand, daß, trotzdem alle Baareingänge diesen Gläubigern gehörten, er doch bei einer Merseburger Schuld von 200 Gulden versprach, von Neujahr 1543 ab wöchentlich 4 Gulden auf Abzahlung an derselben bei dem Rathe zu hinterlegen, bei einer anderen von 250 Gulden aber „die hulf (zu) leiden in den handel den Merten Richter vuder sich hat." Er gewährleistet also Hülfsvollstreckung in ein anderweitig schon verpfändetes Object!

Inzwischen schlug die Association Wollensäcker aus dem ihr zugewiesenen Theil der Buchhandlung heraus, was sie nur vermochte; den Betrieb des Buchhandels selbst hatten die Gesellschafter bald genug satt bekommen. Im Januar 1544 verkauften sie „denn Buchhandel vnnd also alle opera souiel sie der gehapt, vnnd von Nickel Wolraben bekommen, Auch sunst erkauft, vnd drucken haben lassenn" für 4787 Gulden au Hans Löffler in Wittenberg, Ambrosius Kirchner in Magdeburg und Peter Schürer. Letzterer war durch seine erste Frau zu Gelde gekommen und hatte erst im Jahre vorher das Eckhaus neben der Nicolaischule, woran sich in der Nicolaistraße Wolrabe's Haus anschloß, mit 500 Gulden baarer Anzahlung erworben. Die Käufer, die übrigens keine Handelsgesellschaft bildeten, vielmehr die Büchervorräthe untereinander getheilt haben müssen, hatten jedes Jahr 1050 Gulden auf die Kaufsumme abzubezahlen. Trotzdem schuldete Wolrabe, nach Ausweis eines Abkommens vom Jahre 1544 der Wollensäcker'schen Gesellschaft immer noch 4410 Gulden und da die Gesellschafter einsehen mochten, daß sie doch nicht zu voller Befriedigung ihrer Forderung gelangen würden — sie sagen, daß „Wolrabe seyne nodt geclaget, vnnd damit gespurt, das bemelte herren nicht lust, Inen vmb einigen Iren nutz willenn zuuorderbenn, Oder von heußlichen eheren zcutreybenn" — so schlossen sie einen Accord auf ca. 60% mit ihm. Falls er binnen einem Jahre 2616 Gulden baar zahle und die Grundstücks-Hypotheken wieder übernähme, dann wollten sie ihm den Rest ihrer Forderung „schenken". Könne er das nicht, zahle aber in Raten binnen vier Jahren, dann sollte ihm ein Nachlaß von nur 540 Gulden gewährt werden, bei Versäumniß aber auch nur eines Zahlungstermins der ganze Pfand-complex verfallen sein und die Einweisung der Gläubiger in denselben erfolgen, als sei sie rechtlich erklagt. Ich will gleich hier anfügen, daß Wolrabe natürlich nicht zahlte und wenigstens sein Haus den Gläubigern verfiel; im Jahre 1545 befindet es sich im Besitz Jacob Grieb's und seiner Mitverwandten — Wollensäcker war inzwischen verstorben — die es 1546 an den Buchdrucker Jacob Bärwald für 1800 Gulden weiter veräußerten.

Mittlerweile hatte aber Wolrabe einen anderen, im Buchhandel völlig unbewanderten Kapitalisten, den reichen Kürschner Damian Lunckewitz, in sein Garn gezogen und sich jedenfalls mit seiner Hülfe bei der zweiten Gläubigergruppe (Richter und Forster) ausgelöst, denn Lunckewitz ist ihnen noch im Jahre 1546 mit 250 Gulden als Bürge für Wolrabe verhaftet. Gleichzeitig muß aber auch Sebastian Reusch sich von neuem tiefer in die unsauberen Geschäfte gemengt haben. Er hatte Wolrabe im Jahre 1543 444 Gulden dargeliehen und es ihm damit wahrscheinlich ermöglicht, wenigstens in den eigenthümlichen Besitz der Druckerei zurückzugelangen und dann einen Teil derselben an den neuetablirten Buchdrucker Jacob Bärwald zu veräußern. Wolrabe weist wenigstens andere Gläubiger wiederholt auf Bärwald mit 200 Gulden an und will ihm noch im Jahre 1546, falls Bärwald für Lunckewitz etwas mit Figuren und Leisten zu drucken haben würde, solche leihen. Sebastian Reusch aber, der nunmehr schon wieder ein Guthaben von 944 Gulden bei Wolrabe hat, werden Außenstände und vermuthlich auch Bücher überwiesen. Für Einhaltung der ihm daneben versprochenen Ratenzahlungen setzt Wolrabe aber ganz unverfroren wieder das fast schon im Besitz der Wollensäcker'schen Gesellschaft befindliche Haus zum

Unterpfande ein! Hans Mauser endlich, Wolrabe's Diener, welcher als Sequester für Richter und Forster überflüssig geworden war, wird von Sebastian Reusch durch den Verkauf einer Bücherpartie im Werthe von 1845 Gulden — „durch seynen Buchhandel" — beglückt und damit ein neues Sortimentsgeschäft in die Welt gesetzt. Mauser hatte in Jahresraten von 400 Gulden zu bezahlen und scheint es, daß Reusch ihn gleichzeitig als Agenten für seinen weiteren Verlagsbetrieb benutzen wollte, denn Mauser setzt seine eben erworbene Buchhandlung und seine gesammte Habe zum Unterpfande nicht nur für seine Restschuld, sondern auch für alles das ein, „was er (sc. Reusch) hinfürder mit Ime handeln und schuldig wirdt."

Natürlicher Weise fand auch Damian Lunckewitz bald genug ein Haar in seiner Verbindung mit Wolrabe; dieser blieb daneben fortdauernd mit Sebastian Reusch in Verbindung und spielte mit ihm unter einer Decke. Ein Rechtsstreit — seinen Anwalt bezahlte Wolrabe natürlich auch nicht — war die Folge; derselbe führte zu einem Geschäftsverkauf an Lunckewitz, der dabei selbstverständlich übertölpelt wurde. Gleichzeitig hatten Reusch und Wolrabe sich zwei junge, anscheinend gut bemittelte Buchführer, Andreas Heil und Conrad König, als weitere Opfer in Aussicht genommen; namentlich scheint Reusch beabsichtigt zu haben, sich auf ihre Kosten bei Wolrabe bezahlt zu machen, denn letzterer stand auf dem Sprunge, seine völlig unhaltbar gewordene Position in Leipzig ganz aufzugeben und die Stätte seines schwindelhaften Wirkens nach Frankfurt a. d. O. zu verlegen.

Wolrabe schuldete Damian Lunckewitz noch 1140 Gulden; außerdem war dieser, wie schon erwähnt, noch für 250 Gulden Bürge gegenüber Richter und Forster. Die Einigung fand nun im Jahre 1546 dahin statt, „das Wolrabe — der wieder einmal „seine not geclaget" — Damiano souil er an gutten buchern vermag, Ime in solutum geben soll", nämlich für 500 Gulden; Wolrabe besaß also nur noch ganz unbedeutende Vorräthe. Der Rest wurde ihm durch eine Anweisung auf Jacob Bärwald in Höhe von 200 Gulden, wofür dieser Druckaufträge für Lunckewitz auszuführen haben sollte, und durch Ueberweisung von 600 Gulden Außenständen beglichen, „doch also, das Wolrabe dorzu seinen Dyner Wolff gunter vorgonne und lehe, solche schulde Ime einzubrengen." Was Lunckewitz aber an Büchern erhielt, waren jedenfalls nur noch Ladenhüter, die Wolrabe wirklichen Buchführern nicht aufzuhängen vermocht hatte; denn es heißt in dem Abkommen weiter:

„nachdem Damianus wenig verstandes der Bucher hatt, welche Ime Wolrabe zur betzalung seiner schulde gegeben, wo vnder den etliche sein werden die Damiano nicht dinstlich noch abgehen wolten, Sol Damianus macht haben Innerhalben zweien Jaren solche bucher, Ir seint vill oder wenig, zu welcher stunde vnd zeit es Ime gesellig wider zu vberantworten, vnd Wolrabe sol solche wider anzunemen schuldig vnd pflichtig sein, bouor er Ime nawe materj die Damiano gesellig geben soll." Natürlich setzte er daneben seine ganze Habe zum Unterpfande ein, „dieweil noch in alle wege auch mißlich wie die schulden einkomen, vnd die Bucher abgehen mochten." Was aber Wolrabe in der That noch an Habe besitzen mochte, das konnte nur werthloser Kram sein, mit dem Lunckewitz wenig gedient gewesen wäre, ebensowenig wie auch die Abmachung, daß der Preis für Druckaufträge, die er Wolrabe etwa übergeben würde, nicht baar bezahlt, sondern an der Schuldsumme abgerechnet werden sollte, ihm irgend etwas genutzt haben würde.

Daneben verkaufte Wolrabe den bereits erwähnten, sich neu etablirenden Buchführern Andreas Heil und Conrad König für 1200 Gulden Bücher, von denen er zunächst aber nur für 700 Gulden zu liefern vermochte, weshalb er in den nächsten sechs Leipziger Messen zusammen 100 Gulden baar zurückzuzahlen, in jeder der vier nächsten Frankfurter Messen je für 50 Gulden Bücher, und von der Michaelismesse 1546 bis dahin 1548 für 200 Gulden „aus seyner Druckerei", also erst in Frankfurt a. O. neu zu verlegender Bücher nachzuliefern versprach. Im Wesentlichen handelte es sich also auch hier eigentlich wieder um einen erhaltenen Vorschuß. Was aber das ganze Manöver in erster Linie bezweckte, ergiebt sich aus der Bestimmung, daß die gesammte Kaufsumme von 1200 Gulden an Sebastian Reusch zu zahlen war; in der That quittirte dieser auch am selben Tage Wolrabe im Schöppenbuch und erklärte sich für voll befriedigt. Gleichzeitig verkaufte Reusch aber auch noch selbst den beiden Gesellschaftern für 1800 Gulden Bücher, welche in Terminen, 100 Gulden in jeder der drei Leipziger Messen, bezahlt werden sollten.

Wie anrüchig das geschäftliche Treiben Reusch's und Wolrabe's nach gerade in der Stadt geworden war, das erhellt deutlich daraus, daß Heil und König vom Rathe förmlich vor ihnen gewarnt wurden. Unter dem Vertrage mit Wolrabe steht im Schöppenbuch die Anmerkung: „Es seynt die beyde Jungen Hendler des Bastian Reuschen vnd Nickel Wolrabens halben, von wegen dieser handelunge nobdurftigklich erhynnert, vnnd vorwarnet wurden, Sonderlich wie Wolrabe steckte, Sie haben sich aber douon nit abwehßen laßen wollen, Welchs B. (d. i. Bürgermeister) Wiedeman zcu gedechtnus zcnregistriren befolen." Gerade sie, die Gewarnten, sollten aber die einzigen Abkäufer der geriebenen Speculanten werden, welche wirklich vorwärts kamen.

Damian Lunckewitz merkte bald genug, daß er hinter das Licht geführt sei und reiste persönlich nach Frankfurt a. O., um den Kaufvertrag rückgängig zu machen. Der findige Wolrabe wußte sich aber zu helfen: sein an Lunckewitz verliehener Diener, Wolf Günther, wurde vorgeschoben und übernahm, selbst augenscheinlich ein Habenichts, unter Wolrabe's des notorischen Habenichts Bürgschaft Lunckewitz' Buchhandel mit Activen und Passiven für 1289 Gulden, unter Anzahlung von ganzen 42 Gulden in der Neujahrsmesse 1548 und mit Terminzahlungen von 33⅓ Gulden in jeder folgenden Leipziger Messe. Für den Fall, daß Günther mit zwei oder mehr Terminen im Rückstande bleiben sollte, behielt sich Lunckewitz das Recht vor, ohne weiteres Geld und „gedruckte Materie Jederer gathung" aus dem Laden wegzunehmen, letzteres zu einem geringeren Preise als bräuchlich, um sie um so leichter und schneller zu Gelde machen zu können. Zu bedauern war Günther nicht; er mußte seinen früheren Principal zur Genüge kennen.

Aber Wolrabe hatte noch immer nicht ausgespielt. Er mußte es verstanden haben, sich zunächst in Frankfurt a. O. ein gewisses Ansehn zu geben, denn in der Beglaubigung einer Urkunde nennen ihn Rector und Senat der Universität den „Erbarn vnd vornehmen Nicolaus Wolrabe", geben ihm also Prädicate, welche in Leipzig nur Rathsfreunden zustanden. Aber lange hielt der Schwindel nicht vor; im Jahre 1549 finden wir ihn schon wieder in Leipzig, natürlich an gewohnter Stelle: vor Richter und Schöppen, von den Erben seines bisherigen Anwaltes verklagt. Jedenfalls hatte er in Leipzig Druckerei und Handel wieder unter Sebastian Reusch's Beihülfe in Gang zu setzen versucht; in seinen Geierfängen sollte er nun völlig verbluten.

Von neuem hatte er darauf los speculirt, Kilian König's Proceß, Sachsenspiegel, Weichbild und Remissorium gedruckt, zum Theil nicht fertig zu drucken vermocht und die Vorräthe an Reusch abtreten müssen, der sie dann zum Theil an Bartel Vogel in Wittenberg und Lorenz Finckelthaus in Leipzig verramschte. Da sich Reusch herauszuziehen suchte, so ging es im Jahre 1552 mit Wolrabe völlig zu Ende. Er schuldete ersterem nach vorgängiger Abpfändung von Bücher- und Papiervorräthen und selbst von Hausgeräth, immer noch 1581 Gulden; Schrift und Pressen aber wurden ihm von anderer Seite bekümmert. Er war so verkommen, daß der Richter Otto Spiegel unter die Ausgaben im Kummerbuch des Jahres 1552 den Posten einträgt: „Nickl Wolrabin der Armen frauen welche hartt sich beclagtt 2. gr. gebenn." Wolrabe selbst scheint dann herumvagirend im Elend verkommen zu sein. Im Jahre 1556 steht seine blutarme Wittwe (pauperrima vidua) vor Rector und Senat der Universität um gegen einen früheren Geschäftsfreund ihres Mannes einen Thaler einzuklagen. Das war der Ausgang des hochstrebenden Speculanten! —

In wohlthuendem Gegensatz zu diesem wüsten Geschäftstreiben steht der Lebens- und Geschäftsgang Valentin Bapst's, des ersten Buchdruckers, welcher sich nach dem Jahre 1539 in Leipzig niederließ. Er erlangte im Jahre 1541 das Bürgerrecht als „Buchstabensetzer" und zwar, bezeichnend genug, unentgeltlich; bescheiden und ebenso wie Wolrabe mit geringen Mitteln beginnend, verdankte auch er seine Förderung zunächst dem Interesse, welches wieder andere Leipziger Kapitalisten, der Visirer Sebastian Brauer und der Baumeister Andreas Wanne, dem Buchhandel entgegentrugen. Seine treue Arbeit — seine technischen Leistungen gehören mit zu dem Schönsten, was der ältere Leipziger Buchdruck aufzuweisen hat — wurde zwar nicht durch glänzende pecuniäre Erfolge belohnt; sowohl er, wie auch seine Erben vermochten niemals die ersten Kapital-Unterstützungen völlig abzustoßen. Aber er verblieb doch stets in geordneten Verhältnissen, überschritt nie waghalsig die Grenzen jenes erstmaligen Kapitalzuflusses und kann sich des Nachruhmes erfreuen, daß aus seinen Geschäftsunterlagen die erste große wissenschaftliche Verlagsfirma Leipzigs, die seines Schwiegersohnes, des Mag. Ernst Vögelin von Constanz, erblühte, daß er es somit war, aus dessen bescheidenen Anfängen erst die eigentliche Bedeutsamkeit Leipzig's als Verlagsort erwuchs.

Erregt es schon gemüthlich anheimelnd das Interesse für ihn, daß — nach Ausweis eines Vertrages vom Jahre 1539 mit seinen Schwägern Dr. Cordes, Dr. Johann Hoffmann und Blasius Horn — er ganz allein für die Schwiegermutter gesorgt und sie gepflegt hatte, so klingt uns weiter aus dem Vertrage vom Jahre 1543 mit seinen schon genannten Förderern sein bescheidener Sinn und sein frommes Gottvertrauen mit herzerwärmendem Tone entgegen, mit einem Tone, den man in derartigen Urkunden sonst nicht zu finden gewohnt ist.

"Nachdem vnns der Almechtige genedigklich vorlehhunge gethann, Das wyr durch seyne gotliche Hulffe eyne kunstreiche, vnnd schone Druckerey augericht, damit wyr vns, vnnd vnserrn kyndernn, mit der zceit eyne narunge erlangen mochtenn, vnnd wyr aber solchs domit dieselbige dester stadlicher getriebenn, vnnd eynen vorgang habe, des vorlegens halbenn, zcuthun vnnermugende", bekennen Valentin Bapst und seine Ehefrau Margarethe von Andreas Wanne und Sebastian Brauer, als ihren Verlegern, 800 Gulden dargeliehen erhalten zu haben. Von diesen versprechen sie 300 binnen drei Jahren zurückzuzahlen; bis zur Bezahlung des Restes "mit sampt deme zcyne, so sie vnns zcu den schriften vorgestrackt" verpflichten sie sich, "das wyr Inen von eynem yeden ballen pappirs so wyr vf eyner pressenn vordrucken werden vnnd auch albereit verdrucket habenn, eynen gulden allezeit geben sollenn vnd wollen", eine Abfindungsart, die mir nirgends weiter vorgekommen ist und die Bezeichnung der Gläubiger als "Verleger" dem heutigen Sprachgebrauch einigermaßen nähert. Diese Verleger sagen ihrerseits zu, Bapst eventuell weiteres Zinn zum Schriftguß zu liefern und "So sichs aber dermassen, wie wyr allerseyts zcu got dem herren hoffen, zcutrage, Das der Almechtige genade gebe, das solche bucher beruhemet wurden, Frage erlangten, vnd die also mit nuh abgingenn, vnnd wyr hinfurder mit zcwen aber meher pressenn druckenn wurdenn, Sollen vns vnsere vorlegere mit weyterem gelde, souiel die nobdorft erfordert, vorlegenn, douon wyr Inen, wie hiehunor allezait eyn gulbenn von eynem ihlichen ballenn zcugebenn vorpflicht seyn sollenn." Aber die Gläubiger stellen eine Bedingung — und hier ist jedenfalls das schlimme Treiben Wolrabe's von bestimmendem Einfluß gewesen —, daß sich die Schuldner "an vnsfre vorlegere vorwissenn, vnd willen, mit nymandts anders weytter eynlassen."

Und Valentin Bapst rechtfertigte den guten Leumund, in dem er gestanden haben muß; das Vertrauen Brauer's und Wanne's blieb ihm erhalten, der erhoffte göttliche Segen blieb nicht völlig aus. Brauer verschaffte Bapst durch einen Geldvorschuß eine gesicherte Miethwohnung, bis letzterer im Jahre 1545 eins der vom Rathe auf dem Barfüßerkirchhofe neuerbauten Häuser für 550 Gulden erwerben konnte, jedenfalls vermittelst einer Erhöhung des Darlehens seitens seiner freundlich gesinnten Verleger. Als aber Brauer's Vermögensverhältnisse zurückgingen, er seiner Kapitalien jedenfalls dringend bedurfte, da lieh der Rath der Stadt selbst Valentin Bapst 1000 Gulden zur Abstoßung jener inzwischen auf 1385 Gulden angewachsenen Schuld dar. Jedenfalls ist hier die Vermittelung des inzwischen zum Bürgermeister aufgerückten Andreas Wanne zu verspüren. Und dieses allseitige Vertrauen und diese Förderung blieben auch Bapst's Wittwe erhalten. Im Jahre 1556 war die Schuld an den Rath bis auf 400 Gulden abgetragen; zu anscheinend bedeutenderen Unternehmungen eines größeren Papierquantums bedürfend, schoß ihr der Rath noch weitere 200 Gulden vor. Das ist ein anderer geschäftlicher Entwickelungsgang, förderlicher für das Gedeihen von Leipzig's Stellung im größeren Buchhandelsgetriebe!

Auf den Geschäften, welche dem speculativen Treiben und Schwindeln Nickel Wolrabe's und Sebastian Reusch's ihr Entstehen verdankten, ruhte kein Segen; auch sie erhöhten nicht das Renommée des Leipziger Buchhandels. Peter Schürer, der schon zu Anfang des Jahres 1548 starb, sagt selbst in seinem 1547 errichteten Testamente, daß ihn viel Schulden drückten und seine Habe nur „geringschätzig" sei. Die Erbschaftsauseinandersetzung bestätigte dies nur zu offenbar. Nachdem Franz Clement und Hans Mauser das Geschäft bis zum November als Vormünder weitergeführt hatten, übernahm Wolf Günther dasselbe in Folge seiner Verheirathung mit der Wittwe mit allen Activen und Passiven, ohne jede Anzahlung, gewissermaßen nur zur Liquidation. So vereinigte Günther zwei dahinsiechende Wolrabe'sche Absenker zu einem noch immer lebensunfähig verbleibenden Gebilde. Hans Mauser, später von Krankheit und wohl auch durch Familienunglück heimgesucht — es scheint als ob Andreas Heil Unehre in sein Haus getragen habe — prosperirte ebensowenig; auch er bezeichnet in seinem Testament sein Vermögen als „geringschätzig" und verkaufte sein Geschäft noch bei seinen Lebzeiten an Lorenz Finckelthaus, der es anscheinend bereits eine Zeit lang geleitet hatte. Von der ursprünglich vor zwölf Jahren mit Sebastian Reusch verabredeten Kaufsumme war noch ein volles Drittel im Rückstande und wurde erst von Finckelthaus bezahlt. Der Buchdrucker Jacob Bärwald, der anfänglich vorwärts gekommen zu sein scheint, gerieth mit der ersten Hälfte der fünfziger Jahre in arge Verlegenheiten; er wird von allen Seiten mit Kummer besetzt, darunter in Höhe von 750 Gulden durch Bartel Vogel in Wittenberg für erhaltenen Vorschuß auf Druckaufträge. Im Jahre 1561 bricht endlich der Concurs aus, ein so schlimmer, daß ihn selbst drei seiner Gesellen wegen rückständigen Lohns in Höhe von 70, 56 und 12 Gulden bekümmern müssen. Wolf Günther hielt sich mühsam bis zum Jahre 1556, dann aber bricht das Verhängniß auch über ihn herein, die Verkümmerungen drängen sich. Er kann selbst Damian Lunckewitz nicht richtig bezahlt haben, da dieser noch Forderungen an den bürgenden, aber längst verkommenen Wolrabe geltend macht; 1558 bei Günther's Tode bricht der förmliche Concurs aus. Jedenfalls mußte Damian Lunckewitz bei dieser Gelegenheit, um nur einigermaßen gedeckt zu werden, eine größere Partie Bücher übernehmen, denn noch im Jahre 1564 haben seine Erben Bücher, und zwar anscheinend in größerem Betrage, zu verkaufen und verkaufen daran noch im Jahre 1573. Kurz vorher war auch das alte Sortimentsgeschäft Gregor Jordans in sichtlichen Verfall gerathen; unter seinem Sohne Hieronymus ging es gleichzeitig mit Günther's Zusammenbruch vollständig zu Grunde. Nur Andreas Heil und Conrad König gediehen sichtlich, erwarben Grundbesitz mit hoher baarer Anzahlung und sehr kurz bemessenen Ratenzahlungen des Restes. Zwar veräußerten sie denselben wieder, als Conrad König auf einige Jahre nach Jena übersiedelte um hier den Vertrieb der Jenaer Lutherausgabe zu übernehmen — er hinterließ in Jena allerdings kein rühmliches Andenken —, aber Andreas Heil erwarb für sich allein sofort unter ganz gleichen Zahlungsverhältnissen in den Jahren 1559 und 1560 zwei Grundstücke für 1100 und 1075 Gulden, darunter das zuletzt Wolf Günther gehörige.

Worin lag dieser auf den ersten Anblick befremdliche Unterschied? Vorwiegend einfach darin, daß nur Heil und König gleichzeitig energisch das Verlagsgeschäft cultivirten, die übrigen von Wolrabe und Reusch in die Welt gesetzten Firmen aber, gleich den meisten Leipziger Buchführern, fast ausschließlich nur das Sortiments-, sowie vermuthlich auch das wieder auflebende Commissionsgeschäft. Für den Beginn der fünfziger Jahre ist letzteres urkundlich allerdings nur von Hans Mauser nachweisbar. Das reine Sortimentsgeschäft aber war entschieden im Rückgang begriffen.

Alle Verkäufe Reusch's und Wolrabe's, mit Ausnahme weniger Specialfälle bezüglich Bartel Vogel's in Wittenberg und eben desselben in Genossenschaft mit Lorenz Finckelthaus, waren nämlich nur Ramschverkäufe, Verkäufe von Partien ihres Verlages und Sortimentes, keine Verkäufe ganzer Verlagsartikel oder Verlagsgruppen gewesen. Das ergiebt sich einestheils schon aus dem Umstand, daß Schürer, Löffler und Kirchner keine Geschäftsassociation bildeten, die erkauften Büchervorräthe also unter einander getheilt haben müssen, und daß Damian Lunckewitz der Umtausch der unabgängigen Artikel zugesichert war, ganz klar aber anderntheils aus dem Abkommen Wolrabe's mit Heil und König, nach welchem er von seinem nachträglich noch zu liefernden neuen Verlage nicht verpflichtet war, mehr als 250 Exemplare eines Werkes auf einmal abzugeben. Bei diesen Ramschverkäufen dürfte nebenbei manche absichtliche und unabsichtliche Unreellität mit untergelaufen sein, namentlich die Plage der Defecte; mancherlei deutet darauf hin. So verpflichtet sich Lorenz Finckelthaus im Jahre 1559 als Vormund der Kinder Henning Sosat's „dem Christoff Bircken die defect, so viel sie erlangen vnd zuwegen bringen konnen, compliren (zu) wollen, welche defect er in den abgekaufften des Hennings buchern befunden", und bemerkt auch im Jahre 1559 bei der in Gemeinschaft mit Andreas Heil vorgenommenen Schätzung des Werthes der vom Lic. Erasmus Ulrich hinterlassenen Bibliothek, daß die Bücher „wegen der Summarien vnd Numeros, die darinnen mangeln, itzundt nicht vmb viel mehrers vnd hohers ausgebracht werden konnen", so daß also anzunehmen ist, daß der Verkauf unvollständiger Bücher eine weit verbreitete Unsitte gewesen sein dürfte. Sie tritt uns auch 1553 vor Rector und Senat der Universität bei einem französischen Buchhändler entgegen. Reißen doch selbst noch im 17. Jahrhundert die gemessenen Befehle des Ober-Consistoriums in Dresden gegen die Ablieferung defecter Pflichtexemplare privilegirter Bücher nicht ab. Die Beschaffung von Defecten blieb aber stets eine schwierige Sache, falls der Drucker nicht zugleich der Verleger der betreffenden Bücher gewesen war; wie schon früher nebenher gesagt wurde, verblieben ja die Defecte dem Buchdrucker, wurden dem Verleger nicht mit abgeliefert, weil sie eben zu dem Zuschuß gehörten.

Es war das ein schlimmer Schaden, doch aber einigermaßen erklärlich. Derartige Ramschverkäufe wurden nämlich nicht auf Grund bestimmter Preise der einzelnen Bücher oder einer Pauschaltaxe abgeschlossen, sondern, wie man sich noch in dem laufenden Jahrhundert bei Verkäufen von Sortimentslägern auszudrücken pflegte, nach der Ballenschnur. So heißt es denn auch in dem Vertrage Wolf Günther's mit den Vormündern von Peter Schürer's Hinterlassenen bei der Uebernahme des Geschäftes durch ersteren: „denn Buchhandel zu Rieß vnd Ballen gerechent, Außlendische bucher den Ballen vor 16 Gulden vnd die hilendischen den Ballen vor 11 Gulden", während Damian Lunckewitz sich im Jahre 1548 eventuell aus Günther's Lager decken wollte, den Ballen hierländischer Bücher zu 10 Gulden, ausländischer zu 13 Gulden gerechnet und zwar, wie schon erwähnt, um deswillen so viel billiger, um das Abgepfändete unter Umständen schneller versilbern zu können. Wurde dieser Maßstab für ganze Verlagsartikel angewendet, dann war allerdings der Preis anscheinend niedriger; im Jahr 1559 kauften z. B. Bartel Vogel in Wittenberg und Lorenz Finckelthaus dem Dr. Johann Hoffmann und seinen Mitverwandten die ganze Auflage der Summarien des Erasmus Sarcerius zur Bibel (1500 Exemplare) den Ballen für nur 8 Gulden ab, im Jahre 1560 Lorenz Finckelthaus dem Lic. Paul Kretzschmar dessen Ausgabe des sächsischen Weichbilds den Ballen zu 13 Gulden. Und bei dieser Berechnung nach Ballen und Ries wurde sehr genau verfahren: jedes Octavblatt, späterhin auch jedes einzelne Kupfer, kamen in Ansatz, wie die noch vorhandene Special-Inventur und Taxe des Sortimentslagers von Johann Fritsch in Leipzig vom Jahre 1681 beweist.

Aber die Betriebsweise des Buchhandels war nachgerade schon insoweit consolidirt, daß der Großverkehr, der Meßverkehr, jetzt überwiegend auf dem Stechen, dem Changiren, beruhte, der Bezug auf halbjährige Rechnung nur gegenüber einer Minderzahl reiner Verleger bräuchlich war; ein Beispiel für letzteres ist (nur wenige Jahre nach der hier behandelten Periode) Sigismund Feyerabend in Frankfurt a. M. und seine Associationen. Um das Jahr 1560 weigerten sich die Wittenberger Buchführer geradezu, die Jenaer Lutherausgabe auf Rechnung oder gegen baare Zahlung zu entnehmen, sie wollten mit ihrem Verlag und Sortiment nur dagegen stechen. Und die buchhändlerische Bedeutung Wittenbergs überragte zu jener Zeit eigentlich diejenige Leipzigs. Seine Verlagsthätigkeit war wesentlich intensiver, dominirte sogar erklärlicher Weise auf dem Gebiete der Theologie, und sein Buchhändlergremium genoß eines solchen Ansehens, daß noch im Beginne des 17. Jahrhunderts sein Gutachten in buchhändlerischen Streitigkeiten von Leipzig aus eingeholt wurde. Ganz ähnlich verhielt es sich mit dem Buchdruck; die Wittenberg und Leipzig gemeinsame Buchdruckerordnung vom Jahre 1606, über die seit dem Jahre 1595 verhandelt worden sein muß, verdankt ihre schließliche Einführung der einseitig übernommenen Führung der Wittenberger Innung.

Jene nun herrschend gewordene Usance setzte natürlich die Leipziger, wie überhaupt alle reinen Sortimentsbuchhändler gegenüber den zugleich verlegenden Buchführern in Nachtheil. Ladenpreise bestanden ja nicht, sie existiren überhaupt erst seit dem letzten Drittel des vorigen Jahrhunderts und kennen die alten Verlags-, Meß- oder Lagerkataloge eigentlich keine Preisansätze. Die verlegenden Buchführer konnten also billiger verkaufen, weil ihr Einkauf ihnen wesentlich billiger zu stehen kam. Es wurde deshalb in späterer Zeit vielfach nur gedruckt, ja nachgedruckt oder eine Partie nachgedruckter Bücher erworben, um nur Changematerial in Händen zu haben. Frühzeitig wurde daher denn auch von Seiten derartiger verlagsloser Geschäfte zu dem Auskunfts= mittel gegriffen, von Privatpersonen selbstverlegte Werke, sowie den Verlag kleinerer Provinzial=Buchdrucker zum commissionsweisen Vertrieb zu übernehmen. Als im Jahre 1558 nach Wolf Günther's Tode der Concurs über dessen Geschäft hereinbrach, wurde von Christoph von Carlowitz wegen 200 Exemplaren von Kilian König's Proceß und etlicher Sachsenspiegel Kummer angemeldet, von dem Lic. Paul Kretzschmar, Merseburgischem Kanzler, „in sachen der Weichbild vnd Remissoria, die er bey Wolffen Guntern, das er ime die zu guth verkeuffen solte, ein= gesatzt haben wil" und endlich in der Ostermesse 1559 von dem Buch= drucker Johann Wolrabe dem Jüng. aus Bautzen, der anzeigt „das er etliche Scholasticalia als 470 Grammat. Philippi, 827 Sintaxes, 666 Donati Rudimenta, 162 Disticha Catonis, 174 formulas puerilium Colloquiorum, bey Guntern zuvorkauffen eingesatzt, welchs Lorenz des Gunters knabe wohl wisse."

Daneben war die Concurrenz übergroß. Die Geschäfte concen= trirten sich in einem engen Bezirk der Stadt, vorwiegend in der Nico= lai= und Ritterstraße, in nächster Nähe des Nicolai=Kirchhofs und in der Grimmaschen Straße bis zum Neumarkt, während der Brühl nur schwach, die Hainstraße nur vorübergehend besetzt waren und in Auer= bachs Hof viel meßfremde Buchhändler standen. Schwerlich war das Platzgeschäft, selbst die Messe mit eingerechnet, von der Bedeutung, um das Gedeihen einer solchen Vielzahl gleichartiger Geschäfte sichern zu können. Die lange Zeit übliche Vermischung des Buchhandels mit dem Waarenhandel im allgemeinen dürfte ebenfalls in Abnahme gekommen sein, denn die Gerichtsurkunden weisen seit der Mitte der vierziger Jahre keine Beispiele mehr dafür auf. So muß denn vom Jahre 1555 ab selbst die von Hause aus kapitalkräftige Familie Franz Clement „zur Erhaltung ihrer Nahrung und ihres Handels" mehr und mehr Geld aufnehmen. Darauf, daß auch die Buchbinder sich zum Theil ganz bedeutend mit dem Buchhandel befaßten, habe ich schon wieder= holt hingedeutet. Ja es scheint, als ob in dieser Periode der Unsoli= dität das Sortimensgeschäft zu einem guten Theil in die Hände der

Buchbinder gefallen sei. Namentlich arbeitet sich Christoph Birck sehr in die Höhe; er hatte auch das Sortimentsgeschäft Henning Sosat's, von Jacob Bärwald auch guten Verlag übernommen. Der Geschäftsbetrieb der Buchbinder erweiterte sich daneben noch wesentlich dadurch, daß in Folge des gesteigerten Meßverkehrs die fremden Buchhändler ihren Bedarf an feiner gebundenen Büchern, namentlich an Gesang- und Erbauungsbüchern, in Leipzig zu decken suchten. Es ergiebt sich das deutlich aus den Streitigkeiten zwischen den Breslauer Buchhändlern und Buchbindern in den siebenziger und achtziger Jahren des 16. Jahrhunderts; auch bekummerte im Jahre 1564 der Buchbinder Heinrich Schumann den Buchführer Hans Becke von Herfort um 28 Thaler 18 Groschen. Schon deshalb mußten die Leipziger Buchbinder ein förmliches Sortimentslager halten; noch gegen Ende des 17. Jahrhunderts weist das Nachlaßinventar des Leipziger Buchbinders Dehme sogar gebundene Kupfer- und Reisewerke auf.

Es mußte also versucht werden, das in der Heimath beengte Absatzgebiet nach außen zu erweitern; dies weitere Absatzgebiet scheint vorwiegend in den östlichen Landschaften gefunden worden zu sein. Noch im Jahre 1600 bezeichnen die Leipziger Buchhändler diese Gegenden gewissermaßen als ihre geschäftliche Domäne und von hier aus fand auch allem Anschein nach im 16. Jahrhundert der stärkste Besuch der Leipziger Büchermessen statt. Wie umfangreich diese Geschäfte gewesen sein mögen, ist einigermaßen daraus abzunehmen, daß Franz Clement's Erben im Jahre 1556 den einen Sohn, Hieronymus, bevollmächtigten „die Schuldenn zu Crockaw vnd Budissinn, so sich ober 1400 fl. erstreckenn, einzubringen." Und unter diesen Lieferungen war sicherlich auch fremdländische Literatur; denn zwei Jahre später bekummert Clement Baudouin von Lyon dieselbe Firma um 200 Gulden „vor bucher ... welche sie vorlengst hetten bezalen sollen". Gleicherweise scheint Wolf Günther namentlich kleinere schlesische Buchführer, wie z. B. Ernst Wissepann in Glatz, Michel Zimmermann in Liegnitz und Caspar Friedrich in Liebtau, versorgt zu haben; selbst ein ungarischer Buchführer, Caspar Gurteler von Zips, erscheint unter den bekummerten Meßfremden. Ja, aus der Form des Kummers, mit welchem im Jahre 1556 Weigand Hahn von Frankfurt a. M., der ja namentlich populären und belletristischen Verlag besaß, den fast regelmäßig die Leipziger Messen beziehenden Buchdrucker und Buchführer Hans Daubmann von Königsberg heimsuchte, möchte ich fast schließen, daß sogar Commissionsläger nach jenen Gegenden gegeben wurden. Wenn Weigand Hahn „ein komer zu Hans Daubmahn von konigßperg vff 93 fl. phar gelth vnd 3 pallen pucher, sonderlich zu den wahren So sein sein" thut, so kann hierbei doch wohl nur an Hahn's Eigenthum, das in den drei Ballen Bücher mitenthalten war und sich zunächst nur erst in Daubmann's Verwahrsam befand, gedacht werden.

Mit scheelen Blicken dürften daher auch wohl die von Alters her bestehenden Niederlagen der Wittenberger Buchführer betrachtet worden sein — im Jahre 1548 kaufte sich Christoph Schramm sogar mit Grundbesitz in Leipzig an —, zumal wenn die Wittenberger vielleicht außerdem noch andere fremde Buchführer mitvertraten; Bartel Vogel bekümmert z. B. Wolf Günther im Jahre 1558 für Rechnung von Ulrich Neuber und Johann von Berg in Nürnberg. Mit ebenso scheelen Blicken wurde aber auch der Versuch fremdländischer Buchhändler, wie Clement Baudouin von Lyon, Jacques Torbille und Pietro Valgrisi von Venedig, betrachtet, ihren Verkehr mit dem Publicum über die Meßzeit hinaus auszudehnen. Der erstgenannte war durch seinen Commissionär Jacob Apel, der letztgenannte durch Lorenz Finckelthaus vertreten. Auf die Beschwerde der Leipziger Buchführer hin wurde Baudouin der Verkauf seiner Bücher zwischen den Meßzeiten nur in der Niederlage, bei geschlossener Thür (camera clausa) gestattet und er angehalten, gleich anderen Kaufleuten, die nicht Bürger waren, 1% Abgabe von seinen Einkäufen zu geben (de centum aureis quos emerit unum). Zunächst suchte er diese Beschränkung, und zwar anfänglich vergeblich, dadurch zu umgehen, daß er durch Jacob Apel einen Scheinvertrag vorlegen ließ, wonach diesem die Hälfte des Geschäftes gehören sollte. Aber von der Michaelismesse 1559 ab wurde ihm der völlig freie Handel gegen drei Gulden Stättegeld für jede Messe gestattet und damit der Versuch der Leipziger Buchführer, sich ein innungsmäßiges Verbietungsrecht zu verschaffen, abgeschlagen. Bei einer ähnlichen Differenz im 17. Jahrhundert mit Clemens Schleich von Hanau und Frankfurt a. M. stützen sich die Leipziger auf das erstmalige Verbot von 1558, verschweigen aber dessen Cassation vom Jahre 1559. Pietro Valgrisi andererseits erwarb später, im Jahre 1564, das Bürgerrecht, doch war Frankfurt a. M. wohl sein Hauptmarkt.

Alle diese Einzelheiten belegen an sich schon das kräftigere Wiederaufleben des Leipziger Meßverkehrs. Allerdings, noch stand er tief unter dem Frankfurter; dieser war auch den Leipziger Buchführern noch ganz unentbehrlich und 1548 kaufen die Verwalter von Peter Schürer's Nachlaß dort selbst noch für das dahinsiechende, eigentlich zahlungsunfähige Geschäft ein. Ob man aber berechtigt ist, aus dem Umstande, daß Schürer's Buchschulden in Frankfurt a. M. in der Hälfte der Zeit, als die in Leipzig abgetragen werden sollten, einen Schluß auf die relative Bedeutung der beiden Messen zu ziehen, will ich dahingestellt sein lassen. Absolut standen sich diese Buchschulden gleich: an jedem Platz betrugen sie 500 Gulden. Aber das Commissionärverhältniß zu auswärtigen Buchführern entwickelte sich vom Jahre 1552 ab anscheinend merkbarer (Jacob Bärwald, Hans Mauser, Lorenz Finckelthaus, dann Jacob Apel) und Bücherläger fremder Buchhändler (z. B. von Michael Lotter in Magdeburg bei Hans Mauser) werden wieder erwähnt.

In eine erstliche Rivalität mit der Frankfurter Büchermesse konnte die Leipziger jedoch erst von dem Augenblicke ab eintreten, in dem sich auch in Leipzig eine in größerem Style systematisch betriebene Verlagsthätigkeit der Buchführer entwickelte, die Verlagsthätigkeit nicht mehr so gut wie ausschließlich auf der Unternehmungslust oder dem Arbeitsbedürfniß der Buchdrucker beruhte, die Leipziger Buchhändler unter den gleichen Chancen mit den west- und süddeutschen Genossen in den größeren Betrieb einzutreten vermochten. Dieser Moment scheint mir mit dem Jahre 1550, mit dem Auftreten von Andreas Heil, Lorenz Finckelthaus' und namentlich Ernst Vögelin's gekommen zu sein. Mit ihnen und durch sie entwickelte sich in Leipzig erst ein planmäßig betriebener, vorwiegend einen wissenschaftlichen Charakter tragender Verlagshandel, der dem Wittenberger an die Seite gestellt werden konnte und ihn um die Wende des Jahrhunderts unter der Führung von Henning Große zu überholen begann. Heil war selbst kapitalkräftig und arbeitete sich sichtlich empor; hinter Vögelin, und anfänglich auch Finckelthaus, aber erscheint als Förderer ein neuer, den Leipziger Verlagshandel eine Zeit lang gleichsam beherrschender Kapitalist: Dr. Georg Rothe, später Rathsmitglied und Besitzer des Braunvorwerks.

Mit dieser Herausbildung des Verlagsbetriebes in größerem Stil vollzieht sich aber auch gleichsam eine Verschiebung der socialen Stellung der Buchdrucker und Buchhändler. Die ersteren sinken meist zu Lohndruckern herab, werden zu reinen Gewerbetreibenden; in den Rath wird keiner wieder berufen. Ihre gedrücktere Lage prägt sich des weiteren in Bestrebungen aus, die auf eine Beschränkung der Zahl der Officinen und, damit zusammenhängend, auf Bildung einer Innung hinweisen.

Die Errichtung neuer Druckereien wird erschwert, der Zuzug von Gewerbsgehülfen gewissermaßen einzudämmen gesucht. Es zeigen sich — den Bestimmungen des Speyerer Reichstags-Abschieds von 1570 gleichsam vorgreifend — Spuren einer Art von Concessionirung der Buchdruckereien. Andreas Schneider wird im Jahre 1559 nur unter der Bedingung zum Bürger aufgenommen, daß er „mit der zeit für sich selbst keine eigene druckerey anrichte, ohne des Raths erlaubnus", und als er dieser Bedingung zuwider sich im Jahre 1561 „onderstanden one vorwissen des Raths eine Druckerey anzurichten, vnd etliche ding so ihme nicht geburet gedruckt", und „weil er von den andern Buchdruckern deshalben beclagt", so wird er bedeutet, auch fernerhin nur als Geselle zu arbeiten, „er kondte sich dan mit ihnen (sc. den Principalen) in andere Wege vergleichen." Ganz ebenso ergeht es im Jahre 1563 Jacob Hennig; auch er „Sol keine Druckerey one des Raths bewilligung anrichten". Dem Schriftgießer und dem Formschneider Ernst Vögelin's aber wird 1567 der Aufenthalt in Leipzig vorläufig nur auf ein Jahr, dem Buchdruckergesellen Christoph Rüge 1569 zunächst sogar nur auf ein halbes Jahr gestattet. Sicherlich entsprang diese sich entwickelnde Engherzigkeit gedrückten Erwerbsverhältnissen, namentlich wohl auch dem Umstande, daß die nunmehr fast allein verlegenden Buchhändler mit der Mitte des 16. Jahrhunderts der größeren Wohlfeilheit halber anfingen, vielfach in näher oder ferner gelegenen Orten drucken zu lassen, z. B. in Eisleben und Goslar.

Dagegen hob sich mit dem Abstoßen des ausschließlichen Sortimentsbetriebes, mit dem Entstehen größerer gut „vergattirter" Sortimentsläger „in allerhand Materien und Facultäten" und dem Beginn der Verbreitung von Lagerkatalogen, so wie dementsprechend mit dem Uebergang des Kleinbuchhandels in die Hände der Buchbinder, die sociale Lage der Buchhändler wesentlich. Fortan nehmen sie die angesehene und hochgeachtete Stelle ein, welche früher bereitwillig den großen Buchdruckern und Druckerverlegern eingeräumt gewesen war; 1575 wird Lorenz Finckelthaus, 1585 Henning Große in den Rath berufen. Ein eigenthümliches Zusammentreffen ist es auch, wenngleich nicht ohne weiteres Schlußfolgerungen daraus gezogen werden dürfen, daß mit diesem Untergange der kleinen Sortimentsgeschäfte, der reinen Buchführer, das Kummerbuch (seit 1561) nur noch wenig von Bekümmerungen Leipziger Buchhändler durch auswärtige Geschäftsgenossen zu berichten hat. Hatte die geschäftliche Solidität durch diese Ausscheidung in der That so wesentlich gewonnen?

Aber dieser Uebergang des Löwenantheils am Großbetriebe des Verlagshandels in die Hände reiner Buchhändler ließ auch eine Schattenseite kräftiger hervortreten. In dem gleichen Maße, wie Leipzigs Verlagsthätigkeit sich intensiv und extensiv hob, gingen auch, wie fast durchgehends in Deutschland, die technischen Leistungen der Druckereien, ging die Güte der Buchausstattung und der Geschmack in derselben zurück. Die Lohndrucker entwickelten nicht mehr den gleichen Ehrgeiz, wie die Druckerverleger; die Freude an der eigenen Arbeit, der Stolz auf die eigenen Leistungen schwand schnell dahin. Nickel Wolrabe hat noch gute Leistungen aufzuweisen, Valentin Bapst noch solche ersten Ranges; aber schon die Ausstattungsweise Vögelin's überschreitet nicht mehr das Niveau einer anständigen Mittelmäßigkeit und das Ende des 16. Jahrhunderts trägt in dem Verlage Henning Große's, Jacob Apel's u. A. meist schon den Stempel der ärgsten Verwilderung. Lag dies auch theilweise im allgemeinen Zuge der Zeit, so kann man sich doch des Gedankens nicht erwehren, daß das dem Sparsamkeitssystem huldigende Interesse der nun dominirenden Verleger, der Druck in kleinen Orten, von wesentlichem Einfluß dabei gewesen sein dürfte.

Bisher waren noch viele Buchdrucker ihre eigenen Schriftgießer geblieben. Bei Wolrabe ist es anzunehmen, bei Valentin Bapst aus dem Vertrage mit seinen Verlegern direct zu ersehen. Vögelin hielt ebenfalls noch seinen besondern Schriftgießer, anfänglich (1567) Christian Rödiger, später Thomas Wilhelm; letzterer machte sich erst im Jahre 1578 selbständig. Ich muß bei dieser Gelegenheit noch speciell des schon früher mitgetheilten Factums gedenken, daß Valentin Bapst beim Schriftguß Zinn verwandte. Es ist mir diese Verwendung anderweitig nicht vorgekommen, denn bezüglich Johann Rhynmann's ist es ja nur eine Vermuthung, und muß ich es dahin gestellt sein lassen, ob und inwiefern dies bräuchlich und von Einfluß auf die Güte der Typen gewesen ist. Im übrigen wurde zwar bereits im Jahre 1564 Andreas Richter von Annaberg in Leipzig als Schriftgießer zum Bürger aufgenommen; aber vorwiegend dominirte doch noch Wittenberg, nicht nur im Schriftguß, sondern auch in der Herstellung von Pressen und Druckfarbe. Zacharias Lehmann daselbst lieferte z. B. stark an den bekannten Arzt und Alchemisten Leonhard Thurneyser in Berlin; die aus des letzteren Druckerei im Grauen Kloster hervorgegangenen Arbeiten gehören zu den besten jener Zeit. Auch sonst wurde in der Nähe Leipzigs die Schriftgießerei betrieben, so in Dessau durch Hans Rasche und Heinrich Rautke. Auswärtige Schriftgießereibesitzer, bis von Cöln her, erschienen zur Messe, um in Leipzig mit einheimischen und fremden Buchdruckern Geschäfte zu machen; Jacob von Cöln z. B. bekümmerte in der Ostermesse 1557 den Buchdrucker Urban Gaubisch von Eisleben, Jacob Koffra in der Neujahrsmesse desselben Jahres Georg Baumann von Erfurt.

Die künstlerische Technik des Holzschnittes ging mehr und mehr verloren. Während er in Nürnberg und am Rhein noch eine Nachblüthe entwickelte, sank er in Wittenberg und Leipzig meist auf die tiefste Stufe der Stümperei hinab, auf das reine Handwerk, die Holzschneider zu gewöhnlichen Arbeitern in den Druckereien. Auch Vögelin beschäftigte einen solchen; 1567 war es Antonius Förster. Nicht der Wechsel im Geschmack, nicht eine Laune der Mode, vielleicht nur die liebe Nothwendigkeit mochte also den Hauptanstoß dazu geben, daß man von der Ausschmückung der Bücher durch den Holzschnitt zu der durch den Kupferstich überging. Mit dem Beginn des 17. Jahrhunderts decken die Bücher meist ihre Häßlichkeit mit dem glatten Gesicht eines Titels in Kupferstich; wenig harmonirt die zierliche Kanzlei- oder Zierschrift desselben mit dem unsaubern Druck und den verquetschten Typen des Textes.

Ganz ebenso ging die Papierfabrication in ihren Leistungen rapid zurück. Das kernige, starke, fast zäh zu nennende Papier aus dem 15. Jahrhundert mit dem gelblich angehauchten wärmeren Farbenton, oftmals noch einen förmlichen Abdruck der Fasern des Kaufschfilzes aufzeigend, war schon längst ein überwundener Standpunkt. Die nothwendig werdende Massenproduction, der billigere Preis verminderten seine Güte, es wurde dünn und bräunlich, mürbe und morsch; im 17. Jahrhundert spricht man sogar ganz unumwunden von braunem Papier. Das für den Druckereibedarf bestimmte wurde nicht mehr in der Bütte geleimt; bereits im Jahre 1540 wird in einer Differenz Frankfurter Fuhrleute mit Nürnberger Kaufleuten ausdrücklich des Druckpapiers gedacht: drei Ballen desselben sollten an der Ladung gefehlt haben, und in dem Rechnungsbuch der Baseler Firma Froben und Episcopius aus den Jahren 1557 bis 1564 wird bereits des erst jetzt bei unseren meist halbgeleimten Papieren verschwindenden Auskunftsmittels (nachträgliches Leimen durch den Buchbinder) mit dem noch jetzt üblichen technischen Ausdruck „Planiren" gedacht. Ja, auf dem Titel von Albinus' Meißnischer Land- und Berg-Chronik vom Jahre 1590 wird deshalb geradezu renommirend hervorgehoben, daß das ganze Werk auf Schreibpapier gedruckt sei!

Eine Wirkung der wachsenden und gleichmäßiger anhaltenden Verlagsthätigkeit in Leipzig war es auch jedenfalls, daß die Dresdener Papiermacher Johann und Michael Schaffhirt im Jahre 1553 die Lindenauer Walkmühle vom Rathe erkauften und zu einer Papiermühle umbauten. Sei es aber, daß ihre baulichen Einrichtungen fehlerhaft angelegt waren — es wird dies wenigstens angedeutet — oder daß ihr Fabricat zu schlecht war, um dem süddeutschen Concurrenz machen zu können: genug, sie konnten nicht vorwärts kommen, so daß der Rath sich im Jahre 1558 genöthigt sah, die Mühle wieder zurückzunehmen. Die Mühle zu Kospuden, die jetzige Flinsch'sche Papierfabrik, wurde aber erst in den achtziger Jahren zur Papiermühle umgewandelt. Nach wie vor wurde von den Leipziger Verlegern also das einigermaßen bessere Papier aus den alten Quellen bezogen. Valentin Bapst's Wittwe erhielt geradezu vom Rathe zu dem Zwecke ein Darlehen, um Papier auf der Frankfurter Messe einkaufen zu können. Auch Lorenz Finckelthaus bezog noch von dort; im Jahre 1557 fanden sich unter seinen Meßgütern über 12 Ballen vor, die „den meren theil gar verfaulet, eins theils kaum zu Mackelthur zugebrauchen" waren. Ebenso bekümmerten im Jahre 1559 die schon erwähnten Straßburger Papierhändler, die Ingolter, den Wittenberger Buchführer Matthes Senner auf der Messe. Als erster Leipziger reiner Papierhändler tritt uns erst im Jahre 1589 Johannes Jordan entgegen. Als Bürgersohn bezahlte er für das Bürgerrecht keine Gebühr; wahrscheinlich entstammte er der Buchhändlerfamilie Jordan. Dahingestellt mag im übrigen bleiben, ob sich vielleicht bei dem Bezuge von süddeutschen Plätzen daraus ein Vortheil ergab, daß in Süd- und Westdeutschland der Ballen zu 12 Ries, in Norddeutschland aber nur zu 10 Ries gerechnet wurde. Aber die Spesen bei diesem Bezuge waren bedeutend; der Frankfurter Meßpreis erhöhte sich in Leipzig auf das doppelte. Geringere Schreibpapiere und solche, welche die Buchbinder zu Vorsetzblättern, zum Durchschießen u. dgl. verwandten, scheinen dagegen vielfach von Bautzen und aus den erzgebirgischen Mühlen bezogen worden zu sein. Darauf, daß bei diesen Bezügen das Papier aus den verschiedensten Fabricationsstätten stammen, keineswegs gleichmäßig in Stärke und Farbenton ausfallen konnte, legte man nicht das mindeste Gewicht; selbst in ganz kleinen Werken findet man die verschiedenartigsten Papiersorten durcheinander gemengt.

Völlig im Stich läßt uns nun aber das Actenmaterial über einen wichtigen Punct des Verlagsbetriebes: über die Beziehungen der Verleger zu ihren Autoren. Allerdings waren dieselben im 16. Jahrhundert noch keineswegs usancemäßig oder gar rechtlich geregelt. Honorarzahlung an den Verfasser oder Herausgeber war eher eine Ausnahme zu nennen; Luther sagt ausdrücklich, daß er niemals eine solche angenommen habe. Von der förmlichen Uebertragung eines Verlagsrechtes wußte man nichts; meist wurde stillschweigend nur an den Druck und Verlag einer einzigen Auflage gedacht, da ein unautorisirter weiterer Druck doch kaum, — mit der Entwickelung des Privilegienwesens erst einigermaßen verhindert werden konnte. Doch finden sich immerhin Andeutungen, daß Luther's Auffassung des Autoren- und Verlagsrechts, wenn man diese Begriffe schon jetzt überhaupt verwenden darf, nicht völlig unbeachtet verhallte; Leonhard Thurneyßer überließ z. B. die verlagsmäßige Ausnutzung seines weitverbreiteten Kalenders in den siebenziger Jahren auf fünf Jahre an Simon Hütter, den früheren Socius Sigismund Feyerabend's in Frankfurt a. M., der zu jener Zeit sein Geschäft in Zwickau und Leipzig betrieb. Aehnliche Verhältnisse, gerade in Bezug auf Kalender, treten uns auch im 17. Jahrhundert entgegen.

Anzunehmen ist nun wohl im Allgemeinen, daß die Leipziger Buchhändler keine größere Neigung zu einer Honorirung ihrer Autoren, vollends zu einer anständigen, gehegt haben dürften, als ihre Geschäftsgenossen im Reich; womöglich das Gegentheil. Das geht wohl deutlich aus ihrem Verhalten im Jahre 1600 gegenüber einem Gesuch Georg Gruppenbach's in Tübingen hervor. Derselbe hatte um Ertheilung eines kurfürstl. Privilegiums über verschiedene größere theologische Werke gebeten. Die Leipziger Buchhändler äußern sich in dem ihnen abgeforderten Gutachten entschieden ablehnend. Die sie in ihrem eigenen Verhalten vielleicht tief beschämende Angabe Gruppenbach's: er habe dem Dr. Moses Pflacher 500 Gulden Honorar gezahlt, veranlaßte sie, sich zu dem erstaunlichen, ihr Unbehagen verrathenden Ausspruch zu versteigen, „das Gruppenbach solches nicht mit geringem schimpf bemeltes fhurnehmen Theologj anzeugt, als wurde mit des H. Geists gaben Simonj getrieben, dessen Christliche Theologen ihnen nicht gerne wurden nachsagen lassen!" Und dabei mußte sich, nebenbei gesagt, der Leipziger

Verlag von dem sauberen und geschmackvollen typographischen Leistungen Gruppenbach's geradezu verstecken.

Den Leipziger Verlegern mochte es natürlich bequemer und namentlich profitabler erscheinen, ihre Autoren auf den damals allgemein üblichen Bettelgang mit Dedicationen und mit Uebersendung einzelner Exemplare ihrer Werke an fürstliche und reiche Persönlichkeiten und an Corporationen zu verweisen. Aber dieser Ausweg für die Autoren, wenigstens einigermaßen ein anständiges Aequivalent für ihre schriftstellerische Thätigkeit zu erzielen, begann bald anrüchig und erfolglos zu werden, scheint es für Norddeutschland schon mit dem Ende des 16. Jahrhunderts geworden zu sein. Als im Jahre 1594 der Mag. Georg Hartmann in Jena dem Leipziger Rathe ein Carmen überreichte, sandte ihm dieser als „Gegenverehrung" einen ganzen Thaler „mit freundlicher Bitt vns mit solchen vnd dergleichen dedicationen hinfurder zuuorschonen, den wir ohne das mehr als zu viel darmit vberlegt werden." Hartmann wird wohl nicht wieder gekommen sein!

Noch eines Punktes habe ich nun zum Abschluß zu gedenken: der Weiterentwicklung der Censurverhältnisse, welcher ich bereits früher flüchtig zu erwähnen hatte. Die Präventiv-Censur, zunächst noch auf eine bestimmte Druckerei, gleichsam als Strafe, beschränkt, hatte mit der Durchführung der Reformation in Leipzig ihren Geburtstag gefeiert; von einer Verallgemeinerung derselben ist vor der Hand aber nicht die Rede. Die Reichspreßverordnungen hatten sich zunächst auf dem Boden der kirchlichen Politik entwickelt, rein politische und polizeiliche Zwecke waren erst nach und nach mitbestimmend geworden. Ganz ebenso war meist auch der Verlauf in den Reichsterritorien, speciell aber in Sachsen. Die Wiege der sächsischen Censur hat nicht auf dem Boden des alten Kurkreises gestanden, sondern auf dem schon von vornherein Albertinischen Gebiet, eben in Leipzig.

Noch der erste Erlaß des Herzogs Moritz von Trinitatis 1545 wendet sich ausschließlich gegen die literarische Thätigkeit der „predicanten iu Zurch inn Schweytz", durch deren Bücher über das Abendmahl „vnser lieber gott höchlichen gelestert wirdet"; die gesammte Literatur der Schweizer Reformirten wird den Buchführern „bey leyb vnnd guth vnnd hochsten straff" zu führen verboten, dieser Befehl aber auch „nicht alleine auff die einheimischen sondern vielmehr auff die frembdenn" gerichtet. Zum erstenmale faßt hier also eine preßpolizeiliche Verfügung speciell auch den Meßverkehr mit ins Auge.

Aber mit dem herannahenden Schmalkaldischen Kriege trat der bisher fast rein kirchliche Streit auf das politische Gebiet hinüber. Gegenüber der scharfen und derben Polemik der Tagesliteratur, gegenüber den herumfliegenden Spottliedern, zeigte sich Moritz, und noch mehr später sein Bruder August, äußerst empfindlich und daneben sehr zuvorkommend für das kaiserliche Interesse. Unter dem 9. Mai 1546 verbot er in einem eigenhändig unterzeichneten Rescript an den Leipziger Rath das Feilhalten etlicher deutschen Reime „welche ane Zweyffels der Römischen Kayserlichenn mayestat vorbechtig, aber vorbrößlich sein werdeun" und ebenso unter dem 8. October den etwaigen Neubruck eines nicht näher bezeichneten Sendbriefes: „yhr wollet mit fleyß fuerkommen, Das vonn keynem Buchbrücker bey Euch solch buechlein nachgebruckt werde, bey verhütunge ernsten straffe". Dabei wurde die politische Kannegießerei scharf im Auge behalten und geahndet: im Jahre 1547 werden in der Zeit vor Ostern zwei politische Schwätzer, die schimpflich von Kaiserlicher Majestät geredet, vor Richter und Schöffen verurfriedet.

Sie konnten sich glücklich schätzen, daß sie nicht 40 Jahre früher gelebt hatten und daß die Rechtsübung inzwischen doch etwas milder geworden war. Denn als im Jahre 1503 Engel Reich nach damals geltendem Rechtsbrauch Schmähschriften gegen den Rath hatte anschlagen lassen, war sein Leben verwirkt. Die Stadtkassenrechnung des gedachten Jahres sagt in dem Kapitel: Fur den Fronen vnd Nachrichter: „Item dem Scharffrichter von Engel Reichen das der vber Merten Lewbel — einen Rathsherrn — vnnd vber den Rath scheudebrieff angeschlagen, vnnd an Herzog Georgen geschriebenn mit dem schwerte gericht, gebenn 15 gr." Im Jahre 1525 aber wurde ein Religionsspötter mit der Zunge an einen Pfahl genagelt und ihm dann überlassen, sich selbst zu „erledigen", in Dresden auch der Verfasser eines angeblichen Schmachbuches genöthigt, dasselbe zu „fressen".

Wenn daneben im Jahre 1547 auch dem Wittenberger Buchführer Hans Löffler auf ausdrücklichen Befehl hin ein Fäßlein Bücher gekummert wird, so ist dies wahrscheinlicher Weise wohl weniger als eine Preßmaßregelung aufzufassen, vielmehr eher als in Geltendmachung des Fehderechts erfolgt anzusehen; Wittenberger Gut war zur Zeit Feindesgut.

Von nun ab bleibt vorläufig, bis zu dem Zeitpunkt, wo die kryptocalvinistischen Wirren vorzuspuken beginnen, der politische Gesichtspunkt der maßgebende für die preßpolizeilichen Anordnungen. Der nunmehrige

Kurfürst Moritz stellt sich als Wächter der Preßordnungen des Reiches hin; ihr elastischer Libellbegriff war ja zu allen Dingen gut und brauchbar. Ein gedrucktes Patent, datirt Torgau den 10. Januar 1549, gebietet auf Grund jener Reichsordnungen auf die Haussirer zu fahnden, auf „etzliche Mennere, Weibere vnd Knaben, (die) gedruckte Büchere, Liedere, Reime vnd Gemelde vmbtragen, Dorinn die leute, wer die auch sein, mit beschwerlichen vnd vordrießlichen worten, angegriffen, vnd doch zum theil, die Namen derer sie gemacht, noch auch der ort, do sie gedruckt, nicht gemeldet, Eins theils aber auch ertichte vnd vnbekandte Namen daran gesetzt", was gegen die neuesten Reichsordnungen verstoße. Die Uebelthäter sollen vorgefordert, die Schmähbücher ihnen abgenommen und sie außerdem verwarnt werden, mit solcher Waare nicht wiederzukommen; würden sie aber als Rückfällige betroffen, dann sollten sie gefänglich eingezogen werden.

Diese milde Praxis mit erstmaliger Verwarnung hielt aber bei der vermeintlichen oder thatsächlichen Steigerung der Mißstände nicht lange an, auch mochten die Unterbehörden nicht genug confiscirte Schmähbücher eingesandt haben; daß aber die Verwarnung der Delinquenten ausdrücklich anbefohlen worden war, wurde in der Hitze bald ganz vergessen. Ein neues gedrucktes Mandat — das an den Leipziger Rath gesandte Exemplar ist mit der handschriftlichen Datirung: Liebenwerda den 26. Juni 1550 versehen — eifert gegen die Einschmuggler von Büchern, Reimen und Gemälden, „darinn sie wider das jhenige, so wir vnnd vnsere Landtschafft, auff Rath der Gelerten, vor gutt angesehen, anfechten, vorkerlich deutten, oder sich sonst schmehens vnd aufftrur zuvorursachen fleissigen". Sie sollen nicht mehr gewarnt werden, „wie bißhero geschehen sein soll", sondern gefangen gesetzt, „domit wir ewernt halben keine andere vormutuug zufassen, vnd vns darauff der gebür zuerzeigen, vorursacht werden. Würden wir aber befinden, das jhr in ewern bißher hierinn erzeigtem vnfleiß vorharren, vnd euch nit anders vorhalten würdet, Wollen wir die Bürgermeister vnnd Richtere vornemlich vngestrafft nit lassen". Auf den Leipziger Rath muß diese Drohung, falls er Veranlassung hatte sich getroffen zu fühlen, gewirkt haben, denn unter dem 30. August wird sein aufgewandter Fleiß betreffs eines speciellen Falles mit Gnaden vermerkt.

Bisher hatten wir es, abgesehen von dem Specialfall mit Wolrabe, immer nur noch mit Repressiv-, nie mit Präventivmaßregeln zu thun gehabt. Im Grunde genommen war durch die bisherigen Verordnungen doch eigentlich nur der Klein-Buchhandel, der Verkehr der wandernden Buchführer und Hausirer, getroffen, der gediegenere Verlagsbuchhandel noch nicht in Mitleidenschaft gezogen worden. Aber wenn auch der kirchenpolitische Streit mit dem Passauer Vertrage und dem Augsburger Religionsfrieden vorläufig zu einem scheinbaren Abschluß gekommen war, so wogte doch in der gelehrteren Literatur der Kampf der Meinungen, ganz speciell in der Theologenwelt, um so heftiger weiter, — ein Streit, so recht geeignet eine Fluth von wirklichen und vermeintlichen Schmäh- und Schandschriften hervorzurufen. Kurfürst August wollte die Reinheit der Lehre, so wie sie ihm gerade von der herrschenden Partei plausibel gemacht war, behüten; Präventivmaßregeln zur Ueberwachung, daß nichts gegen diese reine Lehre Verstoßende veröffentlicht werde, erschienen ihm nunmehr unentbehrlich. So erging denn unter dem 1. Februar 1558 an den Rath, die Universität und den Superintendenten Pfeffinger der ernste Befehl: „Ir wollet hinfurter keine newe bucher, lider, Reime, noch sonst etwas newes bei euch trucken oder fail habenn lassenn, sie seienn dann zuuorn durch denn Rectorn der vniuersitet, superattendenten des orts, vnd euch mit vleis vbersehenn". Schon am 4. Februar wurde dieser Befehl den Buchdruckern und Buchführern vor dem Rathe vorgelesen. — Die allgemeine Präventiv-Censur war zu Recht eingeführt; sie traf den Buchhandel als Ganzes.

Aber, wie das nun einmal mit derartigen preßpolizeilichen Anordnungen herkömmlich zu sein schien: selbst diese entschiedene Normativbestimmung muß vor der Hand wenig beachtet worden sein; auch die Autoren scheinen sich ihr nur widerwillig unterworfen zu haben, wie der Fall des Dr. Muschler vom Jahre 1555 beweist. Unter dem 11. März 1560 ließ daher der Rath, und zwar anscheinend aus eigenem Antriebe, den Buchdruckern von neuem einschärfen, nichts Neues ohne vorherige Anzeige an den Rath zu drucken: „Wurde aber ihr einer darüber erfunden werden, wil sie der Rath vor ernster straf verwarnet haben". Wenige Tage darauf, am 1. April, folgte dann noch ein von Kurfürst August eigenhändig unterzeichnetes Rescript an den Rath, welches die Bestimmungen von 1558 näher dahin präcisirte, daß die Censur von dem Rector, den vier Decanen und dem Superintendenten gehandhabt werden solle, einer Censurbefugniß des Rathes aber nicht mehr erwähnte.

Dem Rathe war wahrscheinlich zur Zeit damit gedient. Denn je mehr sich jetzt der theologische Streit zuspitzte, um so mehr suchte der

Rath sich jeder Verantwortlichkeit zu entziehen und die „Theologi" vorzuschieben; er wollte sich bei Hofe nicht „verbrennen" (sein eigener Ausdruck). Die Universität dagegen ging sehr bereitwillig auf die Intentionen des Kurfürsten ein; bereits in den Jahren 1549 und 1550 hatte sie den Hausirhandel an den Eingängen der Collegien und Bursen unterdrückt und war zuvorkommend auf Bitten betreffs des Vertriebsverbotes angeblicher Pasquille eingegangen. Unklar bleibt in letzterem Falle allerdings, ob sie sich dabei ein allgemeines Verbotsrecht, nicht bloß ein solches gegenüber den akademischen Bürgern, zu vindiciren suchte; es wäre sonst ein Eingriff in die Gerichtsbarkeit des Rathes gewesen. Derartige in späterer Zeit gemachte Versuche führten stets zu weitläufigen Auseinandersetzungen zwischen beiden Körperschaften.

Ein solches Auftreten der Universität war aber so recht nach dem Herzen des Kurfürsten August; selbst der einfachen Mittheilung geschichtlicher Thatsachen gegenüber entwickelte er eine maßlose Empfindlichkeit, wenn durch diese Mittheilung seine oder seines Bruders Moritz politische Haltung in ein ungünstiges Licht gesetzt wurde. Irgend ein Delinquent mußte dann abgestraft werden, um seinen Zorn zu besänftigen. In den Jahren 1557 und 1558 verfolgte er unter solchen Umständen den Baseler Buchdrucker Nicolaus Brylinger vor dem Rathe zu Frankfurt a. M. in einer Weise, daß letzterer schließlich alle weiteren Gewalt- und Zwangsmaßregeln ablehnte, da August sich weigerte, einen förmlichen Strafproceß anhängig zu machen. Besseren Erfolg hatte er bei Herzog Johann Friedrich dem Mittleren in Weimar in Bezug auf den Verfasser des mißfälligen Werkes, den Dr. Monner in Jena. Der arme Teufel wurde vor Angst krank und verfiel, wie er sich selbst ausdrückt, in „eine geschwinde Diarrhoe".

Am schroffsten tritt uns diese Gewaltthätigkeit Kurfürst Augusts in seinem Verfahren gegen Ernst Vögelin zur Zeit der ersten kryptocalvinistischen Katastrophe entgegen; nicht die Bestrafung eines seiner subjectiven Anschauung nach Schuldigen, nein, die Vernichtung der ganzen bürgerlichen Existenz desselben, ist das erstrebte Ziel. Aber Vögelin's geschäftliche Thätigkeit beginnt erst an der Grenze, welche ich mir für diese Skizze gezogen habe. Mein Zweck war nur der, meine cursorische Darstellung der geschäftlichen Entwicklung des Buchhandels in Leipzig bis zu dem Punkte zu führen, welcher mir der Markstein der Consolidirung der hiesigen Verhältnisse zu sein scheint, der bezeugt, daß Leipzig gerüstet und vorbereitet war, seiner endlichen Bestim=

mung: der Centralpunkt des deutschen Buchhandels zu werden, mit Bewußtsein entgegenzustreben. Die erste Etappe auf diesem Wege war zurückgelegt.

Speciell aber die Geschicke Ernst Vögelin's, des bedeutendsten und gelehrtesten Leipziger Buchdruckers und Buchhändlers des 16. Jahrhunderts, sind eng verschlungen nicht nur mit der Leipziger Local-, sondern auch mit einer trüben Periode der sächsischen Landesgeschichte. Um so mehr möchte ich wünschen und hoffen, daß es dem langjährigen Forscher auf dem Gebiete der Leipziger Buchdruckergeschichte, Herrn Dr. Wustmann, recht bald gefallen möge, sein seit langem darüber, und speciell auch über Vögelin, gesammeltes reiches Material der Oeffentlichkeit zu übergeben. Seine Arbeit würde vorstehende Skizze nicht nur nach der literär- und gewerbsgeschichtlichen, sondern auch nach der bibliographischen, statistischen und biographischen Seite ergänzen und erweitern.

Nachtrag.

Arbeiten, wie die vorstehende, lassen sich kaum zu einem völligen Abschluß führen; stets tauchen unverhofft neue kleine Ergänzungen auf. So auch hier. Erst während des Drucks dieser Blätter sind mir noch einige der überhaupt nur lückenhaft vorhandenen Richterbücher in die Hände gefallen, die leider nicht in der Reihenfolge der übrigen Bände gestanden hatten. Zwei beachtenswerthe Notizen daraus möchte ich doch noch nachtragen.

Die erste läßt eine Hauptursache des Absterbens der kleinen Sortimentsgeschäfte in der Zeit von 1526 bis nach Einführung der Reformation deutlich erkennen. Die kirchliche Wandlung hatte die an sich vielleicht nur noch dürftigen Lager derselben entwerthet: ihre Breviere und katholische Literatur waren werthlos und unverkäuflich geworden, nach 1539 geradezu verpönt, weil nun sie sich über Nacht zu Famos- und Lästerschriften umgestaltet hatten. Den Bedürfnissen der neuen Zeit gerecht zu werden, dazu fehlten den an sich bereits siechen kleinen Geschäften die Kraft und die Mittel; es erging ihnen ebenso, wie einzelnen einst hochberühmten Verlagsfirmen. Die kleinen Buchführer waren auch zu alt geworden, um sich noch einem andern Handelszweig zuwenden zu können; ihre winzigen Geschäfte schliefen eben einfach ein.

Blasius Salomon z. B. scheint in den letzten Jahren nur noch einen ganz kleinen Bücherstand am Rathhause als Geschäftslocal gehabt zu haben. Bei seinem Tode, 1545, bekennt seine Wittwe, daß sie beide Matthes Waltern noch 8 Gulden schuldig seien „von dem ladenzins der trepffen vnder dem rathawse". Die Büchervorräthe in diesem Kämmerchen oder Stande, „54 stuck breuir, alte monche vnd papisterei", hatte Walter als Pfand an sich genommen; sie wurden gerichtlich auf 3 Gulden geschätzt und diese ihm überwiesen. Als guter Evangelischer schenkte Walter den kleinen Betrag dem Georgen-Hospital. Das war der Ausgang einer Firma, welche einst Johann Rynmann von Augsburg in Leipzig vertreten hatte!

Die zweite Notiz bezieht sich auf den Speculanten Nickel Wolrabe. Aus seinen Verpflichtungen gegen die Gläubigergruppe Merten Richter und Gregor Forster kann er nur theilweise durch Damian Lunckewitz ausgelöst worden sein; zu einem andern Theile war dies schon durch die Bürgschaft seines Schwagers, des Goldschmieds Simon Kitzler, geschehen. Dieser wurde seit dem Jahre 1545 wiederholt deshalb von den Gläubigern in Anspruch genommen und Lunckewitz kann also nur für die letzten Zahlungen eingetreten sein.

Die Anknüpfung der Beziehungen zwischen Lunckewitz und Wolrabe geschah vielmehr durch eine Verabredung vom Montag nach Cantate 1545, wonach ersterer dem letzteren, der hier als „Buchbinder" bezeichnet wird, „zur forderung seiner Druckerei vor tausend gulden, gut druck bapir (aufferthalben des er zum Druck des sachsenspiegels lauts eins darneben gegebenen vortrags geben muß) zum vorderlichsten alhir liebern vnd zustellen sal vnd will, vnd gibt Ime einen ballen ochsen kopff vor sechs, vnd einen ballen kronen papir vor vij fl., wie mans dan alhir keufft." Die Rückzahlungsbedingungen waren ziemlich verschmitzt verclausulirt, die Rückzahlung der Schuld, eigentlich von dem Absatz der auf diesem Papier erst zu druckenden Bücher abhängig gemacht. Zwar sollten 400 Gulden in der Michaelismesse 1545 und die übrigen 600 in der Ostermesse 1546 fällig und „alles was er (Wolrabe auf) solch papir drucken wirt, alß sein (Lunckewitz) vubetzalt gutt, biß zur betzalung vorpffendet vnd eingesatzt, auch einzustellen" sein. Aber es wird auch gleichzeitig bestimmt, „das Wolrab am vertrieb, durch Jne Damianum nicht gehindert, doch auch also was er solches drugs vorkeuffen, so uil desselben der ballen sein werden, das er alwegen dasselbte Damiano so uil es nach antzal des papir kauffs, betrifft, bar zcale, aber Ime darfor genugsam sicherung mache, domit also Damianus aue meniglichs hinderung seines papirs, aber vorzug, zw dang, betzalt werde, vnd Wolrabe auch die vbermaß vor sein drug lon, vnd besserung ideßmal daran erlange." Sonach konnte Lunckewitz lange vertröstet und hinausgezogen werden, während Wolrabe an jedem Ballen abgesetzter Druckfachen die „Besserung" — nach dem damaligen Ballenpreis im buchhändlerischen Verkehr etwa fünf bis sieben Gulden an. jedem — geruhig in die Tasche steckte.